はじめに

時代を 500 年ほど遡って戦国時代…。

戦国時代と言えば、武田信玄や織田信長
方が多いことでしょう。戦自慢の武将たちの
れるのではないでしょうか。しかし、戦国時
は存在していました。

2017 年の大河ドラマの主役である井伊直虎は、井伊家中興の祖と呼ばれており井伊家存亡の危機を救った女性です。他にも日本のジャンヌダルクと言われる「鶴姫」、天下統一目前の豊臣軍から城を守った「甲斐姫」など、多くの戦自慢の女性武将がいたのです。

彼女たちは、女性だから、男性だからの性別の枠を超えて活躍していました。女性として戦国武将の役割を担い活躍していたのです。

そして、現代。

2016 年 4 月「女性の職業生活における活躍の推進に関する法律（女性活躍推進法)」が施行されました。今後企業は、女性労働者の活躍の場を積極的に作り出していくことがより一層求められます。

また、近い将来、労働力が不足することが懸念されています。既に労働者の採用が思い通りにいかない中小企業も数多くあります。今こそ、積極的に女性が職場で活躍する機会を付与することが企業に求められているのです。

中小企業にとって、女性の活躍を推進させることは簡単ではないことは十分承知しています。しかし、500 年前の先達もやっていたことなのです。活躍できるだけの能力を持っているにもかかわらず、機会に恵まれない女性がいるのです。彼女たちを活躍させないのではもったいないではありませんか。

人手不足の中小企業こそ、この問題に積極的に取り組んでいくべきなのです。

本書では、前半部分では実践編として、当社労士事務所での実態を基に女性の活躍推進における課題点について考えています。後半の理論編では、女性活躍推進法の必要性やその背景、企業が知っておかなければならない法律の中身について解説しています。

本書が、多くの女性が企業で活躍し、日本中の企業が元気になるきっかけとなってくれることを望んでいます。

本書の発行にあたって、(株) 宇宙堂八木書店の八木秀志氏、八木喜久子氏から多大なご協力を頂きました。心から御礼申し上げます。

「働くことが楽しくなるように！」

Be Ambitious 合同会社

代表社員　飯野正明

Be Ambitious 合同会社

2010 年 10 月設立。代表社員　飯野正明　業務執行社員　藤岡衣里子

すべての労働者が『働くことが楽しくなるように』をコンセプトに、中小企業の労務管理上の課題解決を支援。

『女性の雇用･活躍推進の支援』、『働き方改革の支援』、『社内研修の企画運営』等を主な業務内容としてしている。

東京都中央区日本橋小網町 13-2　オーチュー小網町ビル 6 階

(いいの経営労務管理事務所内)

Tel：03-6661-6597

http://www.iino-office.jp/blog/be-ambitious/

Ⅰ 実務編

藤岡衣里子

第１章 『女性の継続就業』の理想と現実

第２章 いいの事務所の育児休業奮闘記

第３章 仕事と育児の両立支援を推進するために

第４章　実体験から見えてきた課題

Ⅱ 理論編　井上仁志

第１章　女性活躍推進概論

第２章　企業の取り組み（女性活躍推進法対応）

第３章　行政施策

第４章　夫婦共同

第1章　実務編

『女性の継続就業』の理想と現実

0　エピローグ

「あの・・・、子供ができたみたいなのですが・・・」

「よかったじゃない！おめでとう。身体に気を付けながら、仕事を頑張ってね。困ったことがあったら何でも言ってね」

これはほんの2年前にうちの事務所で交わされた会話です。この時の会話の中身は、今思い返しても全く偽りがないものであったけれど・・・。

しかし、これと同じ会話が4か月ごとに3回も続くとは、その時の私には想像もできませんでした。

そしてそのあとに明らかとなる様々な難題についても・・・。

1　「女性の継続就業」との出会い

2008年、私は大学院に入学することを決め、明治大学大学院の戸を叩きました。それは全国社会保険労務士会連合会と明治大学が提携し、「産学連携」の一つの取り組みとして「経営労務プログラム」という社会人大学院が開校され、これに応募したためでした。ここでは社労士歴3年以上の経歴を持つ者を対象にして、経営労務について実務のみではなくアカデミックな面からも研究するといった目的で創設されたものです。

大学院に入学する者は、2年をかけて取り組む研究テーマをもって入学をします。私の研究テーマは「女性の継続就業」でした。このテーマに決めた理由の1つには、その頃、私が委託を受けていた顧問先企業の1つに女性研究職の労働者が多く在籍するA社がありました。A社では「女性の継続就業」

に対して積極的であり、育児休業を取得し復帰してくる女性労働者が多数いました。大学院で研究することで、A社に色々な情報を伝えることができるのではと考えたのです。

2つ目の理由は、私には娘が一人おり、その娘が働くころには、A社のように出産した後も働きやすい会社が少しでも増えることで、今後娘も子育てをしながら働けるのではと考えたことです。

そして、3つ目の理由として、明治大学大学院に入学してきた他の社労士と比較して、経験という点においては到底力が及ばないため「自分の強み」を出せるのは、このようなテーマくらいしかないだろうと考えたからです。しかしその後この「継続就業」というテーマで大いに悩み、考え、私の「ライフワーク」のようになるとは思ってもいませんでした。

修士論文のテーマは、女性が仕事を続けていくために、もっと多くの会社が「継続就業（育児休業）後の職場復帰」に積極的に関わる必要があるということを言及するというものでした。

修士論文を作成するにあたり、その時の実情を表すいくつものデータや事例、育児休業中の女性が社会に復帰していくために必要な環境や社会のシステム、他国の状況など学者の方々が書いている様々な論文を読みました。そして、非協力的な社会の現状も十分理解出来ました。

このテーマを研究すればするほど、女性の社会進出を阻んでいる原因は、「男性が作り出す、男性社会に違いない！これではいつになっても女性が社会で活躍することはできない‼」と憤慨しながら修士論文を書き進めていきました。そしていくつかの論文や取材ですっかり「継続就業擁護派」となった私には、自らの修士論文の中で、「事業主にとって女性の継続就業を支援することが、会社が発展していくために重要なこと」であるという結論に至ったのでした。しかし今から考えると、それはあくまで、自習室の机の上や、自宅の食卓の上での考えであったのでしょう・・・。

女性の継続就業のために会社が女性労働者の支援をするということは、思った以上に泥臭く、会社にとっても一緒に働く周りの者にとっても、かなりの覚悟を要するものだと、今なら思います。

「机上の空論」とはこのようなことを指すのかもしれません・・・。

2　私が働き始めたころ

私が新卒として働いていた頃は、まだ女性が仕事を続けながら働くほうが異例に思われる時代でした。私は航空会社で、グランドホステスとして5年程働いていました。入社は男女雇用機会均等法（以下「均等法」という。）が施行される1年前の1985年で、退職したのが1990年でした。育児休業法が施行されたのが1992年ですから、それより前に既に退職していたことになります。

こんな書き方をすると、法律が整っていなかったから退職したみたいですが、自分の中にも世間の風潮からしても、仕事を続けながら母親をするという考えはまったくありませんでした。それは社内での結婚であったこともありますが、会社自体、結婚したら女性は退職するのが一般的でした。

さらに本音を言えば、何よりも「寿退社」という単語に憧れ、「人より先に結婚して、仕事を辞められることこそ誇りだ」くらいに考えていました。その頃の時代を表す言葉としては、女性の結婚を「クリスマスケーキ」に例え、24歳（クリスマスイブ）までに結婚しなくては、人に紹介を受ける時もその価値が下がるなどという、今ならバカげたことを半分真面目に信じていた時代です。ですから、結婚と同時に会社を退職し、花束をもらって周りの皆から送り出されることはこの上なく理想とする青写真でした。

しかし描いていた青写真通りの退職をし、意気揚々と専業主婦を楽しんではいたものの、毎日のルーチンな作業にも飽きてしまい、憧れていたはずの専業主婦の間に「社会保険労務士」という資格を目指し、せっせと勉強を始めました。そして、資格を取ったことで、あれほど欲しがっていた「専業主婦」という肩書をあっさりと捨ててしまいました。それは娘が小学校に上がる6歳の時のことです。ネットで見つけた社会保険労務士の事務所にパートで働き始めました。

当初は取った資格を使った仕事ができることで、十分満足していたのですが、少しずつ仕事に慣れてくると様々な不満が生まれてきました。

不満の一つは、働き続けている同期の友人との処遇の差でした。そのころの給与や福利厚生の点などでいえば、以前在職していた会社とは比較にならないほど違い、同じ時間を働いているのになぜこんなに処遇に差があるのだろうと不条理に思いました。同時に新卒で入社した会社がいかに優遇されていたかを痛感しました。これからも正社員として働き続ける友人たちと非正規でしか働くことが出来ない今の自分との間の格差がどんどん広がっていくことが想像でき、自分が手放してしまったものの大きさを改めて実感したものです。あの時に仕事を辞めていなければ、まだ仕事ができていたのではないかという思いはありましたが、子供を持てたことに満足していた私には、仕事と育児を両立させるのは難しいのだからと自分を納得させていました。このような時に大学院に通い出したことも、「女性の継続就業」を修士論文のテーマに選んだ理由の一つだったのです。

3 育児休業を取得する女性の今と昔

まだ、育児休業法も施行される前の私の時代でも、退職することなく今でも仕事を続けている女性はたくさんいます。彼女らは、いったん仕事を辞めて再び仕事に戻って非正規で働いている人とは程遠い高い給与と待遇で今も働いています。ただ、働き続けている友人の多くは、未婚か、結婚していたとしても子供はいない場合がほとんどです。

その頃の女性にとっては「女性として家庭に入り、家庭人として生きるのか」あるいは「女性としての生き方を封印し、家庭より仕事を優先させて生きていくのか」を選択するのが一般的でした。私のいた会社でも、結婚後も仕事を続けたいと申し出た友人に対し、「結婚したら男性を支えることが君の何より重要な仕事だ」と上司から説得され、泣く泣く会社を辞めたという話もありました。

男性が結婚するとき、「結婚するか」「仕事を選ぶか」などと選択する話など聞いたことがありません。しかし女性はいつもこの選択を強いられているという点を考えると男女間の平等にはまだほど遠かったと言わざるを得ません。この頃は「均等法」が施行されていたとはいうものの「女性の仕事」への意識が薄く、女性が仕事を続けていくには、周囲の人が持つ「女性は陰で支える」という昔からの考え方と戦う必要があったようです。

少し時を経ると「育児休業法」が制定され、育児休業を取得しながら、女性が働き続けることが可能な時代が到来しました。

しかし、法律が制定されたとはいうものの、法制定当初は育児休業を取得しながら仕事を続けていこうとする人たちは、それなりの覚悟と気概が必要だったようです。修士論文の取材をしていた頃、育児休業法が施行された直後に育児休業を取得し、子供を育てながら仕事を続けてきた育休取得の先駆者といわれる人の取材をしたことがありました。彼女たちの話では、育児休業制度はあったというものの、今ほど当たり前に取得できるような環境になかったため、それなりに覚悟をもって仕事をしてきたようです。彼女たちの話には、仕事にかけるモチベーションの強さを感じるエピソードが沢山ありました。そして、そこには「自分たちの努力で育児休業を勝ち取った」という意志を強く感じました。育児休業取得がまだ一般的でない分だけ、強い意志がなければ、仕事を続けていくことが困難だったようです。

例えば、保育園に入園するためには、いつ、子供を産むことが入園するために有利になるかを考えて産み月を選んでいたり、子供が生まれる前から保育園探しを始めたり、業務から離れることで自分の仕事の感覚が鈍くなると困るとールのチェックしていたりと、「子供を育てること」と「仕事を続けること」を両立させるために、できる限りの努力をしていました。そこには、お金のためというよりは、自分の生き方の中の重要な要素の１つとして「仕事」があるようでした。

お金の面でいえば、保育園の費用、その他働いていることでかかる諸費用の合計と会社で得る収入とを比較して収支が五分五分だとしても、仕事をする事を選択したと話していました。

彼女たちの話には「仕事を続けること」への執念が感じられたものです。

さらに時は過ぎて現代です。

育児休業法も改正が繰り返され、育児休業を取得することは当然の権利となりつつあります。育児休業に対し、何か否定的な発言をすると「マタハラか・・・」といわれ、男性のみならず、周りの女性も応援する姿勢を示さなければ「ブラックな企業」だといわれるようになりました。それに伴い育児休業を取得する女性労働者たちも当然の権利を行使するという意識で育児休業の申し出を行うようになりました。

法律がなかったときや、あったとしても法律の裏支えが軟弱だった時代の労働者は、各個人で会社や周りの人たちと戦ってこなくてはならなかったわけですから、周りの人の協力を得るために自分もそれなりの努力の必要があったのでしょう。

しかし、現在では法律や世論がしっかりとサポートしてくれています。そういった意味において私からみると大変恵まれており、私が修士論文で考えていた継続就業がしやすくなってきたといえます。下表のように平成26年女性の育児休業取得率も86.6％まで上がってきています。

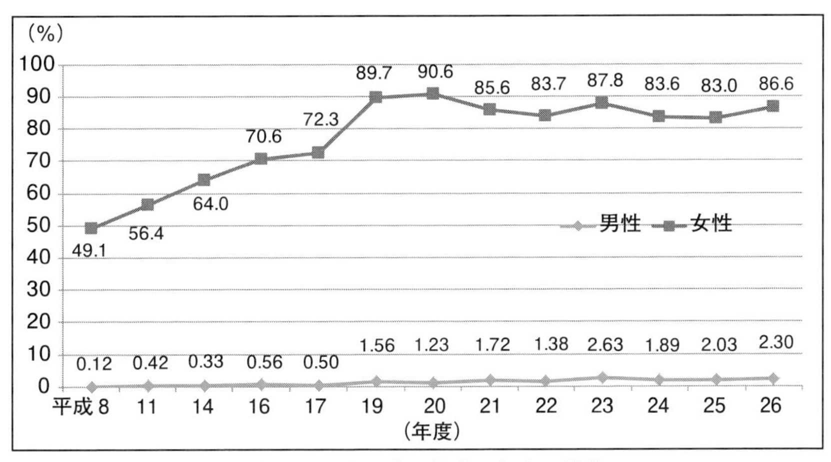

図表１　男女別育児休業取得率の推移
出所：厚生労働省（2015）「平成26年度雇用均等基本調査」，pp.9-10。

しかし一方で企業を経営する者にとって、女性を雇うということはいつか来るであろう「育児休業」を乗り越えるという課題をクリアしなければならなくなったということになります。それも大企業の中で育児休業を一人出す場合と中小企業で育児休業を一人出す場合とでは、会社に課される負担はかなり違ってきます。最近では大企業でも「資生堂ショック」などといわれ、大きな問題になっているようですが・・・。(資生堂ショックに関しては後で解説します。)

今後は企業規模の大小にかかわらず直面する「育児休業」という問題を、労使が手を携えて、迷走しながらも乗り切らなくてはならないのです。
大学院にて研究していたテーマ「女性の継続就業」を、実際実務の場で経験できたことは、何かの縁なのかもしれません。7年前に大学院に通っていた当時に考えていた継続就業と今自らが勤務する社労士事務所において3人の育児休業を目の当たりにした後に考える継続就業。当時気が付かなかった問題点もありました。

何とか乗り超えてきた今だからこそ考えられる「女性の活用についての試み」をいくつか考えていこうと思います。

【引用・参考文献】

厚生労働省（2015）「平成26年度雇用均等基本調査」(http://www.mhlw.go.jp/toukei/list/dl/71-26r-07.pdf), 検索日：2015年11月30日。

第2章　実務編

いいの事務所の育児休業奮闘記

「女性の活躍」の話を始める前に当所がこの問題とどの様にぶつかりどの様に考えどの様に解決してきたかについて順を追ってお話したいと思います。

1　始まり・・・いいの事務所の場合

うちの事務所（いいの経営労務管理事務所）は東京都中央区日本橋にある社会保険労務士事務所です。

2010年創業、現在は職員6名（うちパート3名）の事務所となっていますが、創業時は私と所長の2名でした。

創業して2年を経過するころ、ハローワークで求人を出し、何人か求職者と面談を行い、最初に雇い入れたのが巻頭にでてくる彼女（Aさん）でした。

この時の求人では何人もの人が面接に来てくれました。その中から派遣会社で営業をしていたというAさんを採用しました。Aさんを選んだ理由としては、大変元気でハキハキしており、これから事務所が成長していくうえで、一緒に頑張ってもらうという視点でみると、Aさんの若さと前向きさは、貴重な戦力になるだろうと考えたからでした。

2　初めての職員

ところが、雇い入れてから3か月後に巻頭のシチュエーションとなります。Aさんは就職したとき、結婚したばかりでしたし、年齢も29歳という出産適齢期でした。ですから考えてみると、当然の流れだったのではあるのですが、私たちは一緒に事務所を盛り立てていってくれるものだと思って採用を決めていたため、すっかり慌ててしまいました。

育児休業を取得させるといっても、その申し出が雇い入れてから、あまりに日が経っていなかったため、この申し出に対してどうしたものかと、正直迷いました。そもそも業務量が多くなり、作業してくれる人を探しての求人でしたし、やっとＡさんに働いてもらうことが決まり、これから仕事を覚えてもらおうと思った矢先の出来事でした。

いまＡさんに仕事を覚えてもらっても、数か月先にはいなくなってしまうことは確実です。さらにそれから１年以上はブランクになってしまいます。長く勤めていても１年のブランクは大きいです。しかし彼女に至っては、入社９か月程で産前休業に入ることになります。これから産休に入るまでの期間に少し仕事を覚えてもらっても、半年後には休業に入り、１年以上の休業をするわけですから、いま教えたことはすべて白紙になっているだろうことは容易に想像がつきました。

さらに、育児休業を取ってもらうということは、その後復職することが前提となります。つまり、Ａさんの戻ってくる席を確保しておかなくてはならないのです。Ａさんが休んでいる間に代替の職員を雇い入れるとなると、復職時には２人の職員を雇い入れられる規模になっていなければなりません。事務所がそこまでに成長できているかも不安でした。

妊娠したこと自体は「おめでたいことである」とは思いましたが、育児休業を取った後戻ってもらうかどうかについては、所長とも随分話し合いを重ねました。

修士論文を執筆中には思いもよらなかった感情が、実際の当事者になると湧いてくるものです。この求人自体、２人でやることに限界を感じ初めて募集を出したわけです。その雇い入れた職員が妊娠したという突然の申し出に対し、女性の先輩としては「おめでたい」という気持ちと、事務所の運営から考えると素直に了承できない気持ちとの板挟みで、自分を責めながら随分と悩みました。しかし、結局は「本来、育児休業を取得させることが企業の努めであり、それを企業に指導している立場の社労士事務所がこの労務管理を実践できないとは言われたくない」という所長の強がりや、私自身も修士論文で書いてきたことを実践できるチャンスかもしれないという思いで、Ａさんの育児休業取得に向けて事務所としても準備していくことに決めたのです。

3　とりあえず求人を出そう（育児休業中職員の補てん）

４月に入社したＡさんは結局その年の年末から、産休に入ることが決定しました。一旦産休に入ったら、少なくとも１年は職場への復帰はありません。当然、その間も事務所の業務は進めていかなくてはならない為、私どもは新たな職員を確保するため、求人を出すことにしました。

それにはまず、「いつから代替の職員に入ってもらうか？」を考えなくてはなりません。期限付きの休業ですが、その休業期間の始まりは意外と分かりません。産前休業の開始日より前から休み始めることもそんなに珍しいことではありません。何故なら妊婦の場合、体調が悪くなると次の日から出てこられないということが間々あるからです。実際にうちの事務所でも、２人目の職員のＢさんは体調を崩して急に入院することになり、予定より２か月ほど前から出勤することが出来なくなってしまいました。

ですから、代替の人員の補充といっても、替わりの人にいつから来てもらうかを決めるかは大変難しい問題です。当所の場合はそもそも人数が少ないため、職員が誰もいなくなる日をなるべく少なくしたいと思っていました。そこで当所では、所長が割と早く人材の確保に動いてくれました。そのおかげで私としては、追い詰められた感はありませんでした。

しかし、ギリギリまで新しい代替の労働者を入れない場合、仕事をどう配分したらいいかという点で、残る職員の精神的な圧迫感はかなりあるのではないでしょうか。

補充を早めにしてくれることが決まり、次はどんなシフトでみんなに働いてもらうかをイメージしました。当所の場合、それまで順調に事務所の経営が上がってきていたこと、１人目の職員が週３日のパートで契約していたことを考え、育児休業中の職員が戻ってきても、新たに雇い入れる職員にも仕事が回るよう、フルタイムの求人を出すことはやめておこうとパート募集で求人票を出しました。

パートタイムであったにも関わらず、何人か応募してきてくれました。就職がまだ氷河期末期だったこともあり、その中には男性の履歴書も何通かありました。男性なら安定的に働いてくれるかもしれないとも思いましたが、Ａさんに職場復帰させることを考えると男性を採用することは難しいと判断しました。この時には、条件に合うと思う女性が２名おりました。そこで前回と同じような社労士の資格を取得したいと思っている結婚した女性を採用することになりました。結婚している女性は生計を支える配偶者がいることで、雇い入れる際にも男性より気軽に雇い入れることができるという事務所側のメリットもあったからです。しかし、雇い入れる際に、２人ともＡさんと同年代の女性だったので、「また育児休業なんてことも起こるかもしれない」という危惧が働き、今回の採用は２名とも採用することに決定しました。

２人の新しい職員ＢさんとＣさんは10月１日に入社しました。12月まではＡさんも業務に就いていました。仕事も順調に増えていたので、はじめは引き継ぎも含めて、仕事を３人でワークシェアリングしながら働いてもらい、育児休業後は２人で仕事をワークシェアリングしてもらおうと考えていました。これなら最初の子が職場復帰しても、事務所の業績が順調に上がってさえいれば、その後も３人とも働いてもらえるのではと考えたからです。

新しく採用した２名も結婚して間もない時期であり、妊娠適齢期だったので、Ａさんが復帰する頃には、また誰かが産休なんてこともあったりするかもしれないと半分冗談交じりに話していました。

４　仕事へのモチベーションの保持について

Ａさんは、これからいろいろ覚えてもらおうと思っていた矢先の申し出でした。それまで、いろいろ教えてできるようになってもらおうと思っていたのですが、育児休業に入ると聞いたとたん、「教える」ということそのものについての「無意味感」を感じずにはいられませんでした。次につながらないと考えると、「教えて育てる」という自分のモチベーションが下がってきます。これは私自身の不徳の致すところですが、何か月か先には来なくなると分かっている職員に、今の自分の時間を割いて説明することが煩わしいとさえ感じてしまうようになりました。

よく会社を辞める人は担当している仕事からどんどん外され、否応なくモチベーションが下がってくるといいますが、育児休業でも同じような思いがあるのだろうということに今回初めて気が付きました。この気持ちの変化は修士論文を書いている時には気が付かなった点です。少なくとも１年以上戻ってこない職員のためにない時間を割くことへの疑問が自分の彼女に対するモチベーションを下げていることを感じずにはいられませんでした。いまでもこの点では決して、事務所の先輩として良い対応でなかったと反省しています。自分のことばかりを優先させると組織は上手に回らないということを十分理解していたつもりですが、「どうも力が沸いてこない・・・自分の力になってくれないなら、もういいや」と思ってしまうのです。「マタハラ」とはきっとこんなことから起こるのでしょう。

「互いに思いやりを持つことこそ中小企業の中で、育児との両立を可能にする原点だ」と修士論文に書いたわりには、自分がその立場に立つと意外にも一番難しいと感じ、修士論文の結論を安易だったと自分で証明するとは、皮肉なものだと思いました。継続就業について、あれほど考えていたのにと思うと、甚だ情けない限りです。自分の未熟さを痛感し、継続就業の奥深さを感じた一つの出来事でした。

5 （妊娠中）～つわりの時期～

事務所では戻ってもらうことを前提にしながら、今後の対策を考える必要がでてきました。幸いＡさんは、つわりの最中こそ何日か休むことはあったものの、その後はきちんと出社してきてくれたので助かりましたが・・・。

ただ、１日だけ記憶に残る早退があります。つわりの１番ひどいときだったのだと思いますが、ある日、具合が悪いと早退していきました。実は、その日は社労士にとって１年の中で１番忙しい日にあたる日で、残業までは頼めないにしても、ある程度Ａさんの働きをあてにしていたため、帰ってしまってから、途方に暮れた事がありました。

企業にとっては、妊娠中あるいは育児中の女性を雇う際の大きな問題として挙げられるのが、「労働力として確実にカウントすることができない」という点ではないかと思います。もちろん一般の従業員でも病欠などがあるので、全く心配ないとは言いませんが、やはり妊娠中ほど日々の体調のアップダウンがあることはないでしょう。妊娠中の体調不良は私自身も体験してきた事ですし、その際に仕事をするよう指示出来ないことは、十分理解していたのですが、やはり安定して１人の労働力として計算できないことは、企業にとって大変つらいことでした。

この点については、仕事のスケジュールをギリギリで組むようなことがないよう企業が気を付ける必要があります。「明日頼めば間に合う」などと考えていると、明日になってみると、出社できない理由が勃発することがあるということを、上司自身が認識しておくことが大切でしょう。

確実性に欠ける労働力ですが、彼女らにどう動いてもらうと仕事がはかどるのかを、企業は常に先回りして考えていかなくてはなりません。仕事のスケジューリングをする際には普通より余裕をもって仕事を組み立てていくことが大切になってきます。

6　３周年のお祝い・・・水天宮のお犬様をなでるの巻

急きょ３人の職員を抱える事務所となり、３人の中でシフトを組んで働くことになりました。今までより、急に事務所らしくなってきました。

新しく２人を雇い入れたことで、私も精神的に安定し、妊娠したＡさんを事務所全体で支えながら、他の２人にも育児休業を取らすことができるよう、仕組みを考えていこうと思える余裕もでてきました。

ちょうど、ＢさんとＣさんが事務所にいることにも少し慣れた頃、10月21日が事務所の３周年の記念日でした。近くの水天宮の隣にあるホテルでお祝いをやることになりました。所長が以前在籍していた事務所の先輩もお招きし、みんなで楽しい会食となりました。

ランチを兼ねての食事を終えた後、ロビーに降りるとそこには水天宮にいつも飾られているお犬様が・・・その頃ちょうど、水天宮で改修工事が行われておりお犬様が一時避難的にそのホテルに移設されていたのです。

Ａさんの安産を願いつつ、Ｂさん、Ｃさんもかわいい子供が産めるようにみんなでそのお犬様を撫でました。その時はまさかすぐにご利益があるとは思わず、3周年をホテルで迎えられるほど事務所が安定してきたことを喜びつつ、私も満面の笑みで一緒にお犬様を撫でていました。

7　2人目のできちゃった宣言！！

ある朝、Bさんが神妙な顔つきで「所長にお話があるのですが」と話しを始めました。その様子を聞いて、来たかなと私は瞬時に察知しました。

衝立の向こうでは所長が、「そうか、そうか」と聞いており、どうやらBさんは泣いているようでした。女性のライフイベントの中でも、「妊娠」は最も大きなおめでたいイベントです。「おめでた」という位ですから、本来は満面の笑みで報告するものでしょう。しかし仕事をしている女性にとってそうとばかりは言っていられないことを如実に表している光景でした。

BさんもAさんと一緒で、その受胎の告白は入社してからあまりに早すぎるタイミングでされたものでした。Bさんは、入社間もないことから育児休業を与えることは出来ないと法律的にも突っぱねることができました。しかし、Aさんを認めてBさんだけはダメというのも言いがたく、Cさんがまだいたことで、気が大きくなっていたこともあり、「待っているから」と軽々しく返事をしていました。

正直にいうと、子供ができましたという最初の第一声を聞いたとき、いつも私はドキドキします。その人にとって妊娠というおめでたい出来事を聞いたときに、自分の心の声を悟られてはいけないと一生懸命カバーしようと思うからです。ですから「おめでとう」という声は1オクターブ高くなり、妙にハイテンションになってしまいます。

頭の中では、仕事への算段が始まっていることを悟られないように意識しているのかもしれません。昔、主婦だった頃も自分より早く妊娠したことを告げられると、やはり同じ1オクターブ高い声で反応していた気がします。そして、やっと自分が懐妊して心から友人の妊娠を喜べるようになったものです。今思うとほんとうに私は小さい器の人間だったと思います。

しかし、多くの人は少なからず同じ気持ちを持っているのではないでしょうか。

会社の中には、妊娠を望んでいても出来ない女性社員もいます。また、育児休業を取りづらく、泣く泣く仕事を選んだ先輩の女性社員もいます。そのような人たちにとって、人の育児休業は喜んであげたくても手放しで喜べないのかもしれません。ましてや、それに伴い自分の業務量が増え、残業が発生するとしたら、顔に出すなというのが無理というものでしょう。

しかし、そんな自分を嘆いているのは誰よりも自分自身なのだと思います。そういった周りの人々への配慮も、育児休業を取得する女性労働者は必要なことでしょう。権利の主張だけでなく、育児期にカバーしてもらうことを感謝し、周りに気遣うことが育児期を円満に乗り切るためには大切なことです。

「マタハラ」なんて言葉を使うのでなく、互いの立場を思いやることで、かけあう言葉が変わってくるのではと思っています。

8　出産適齢期

現代では「結婚の適齢期」などという単語は死語となりつつあります。働きたい、キャリアを積みたい女性にとって、婚期をずらすことなど、どうということではないのかもしれません。

しかし、「出産」というのは身体的な問題で「適齢期」というものを意識せざるをえません。

「仕事がある程度片付いてから、出産しよう」などと軽く考えていると、身体的な問題から本当に子供を欲しいと思った時点で産むことができるかどうか、わからないと思っているのでしょう。ですから後で後悔をしないためにも、赤ちゃんを身ごもった時点で女性は子供を優先させたいと考えるのが一般的です。私も１人の女性として、同意見です。

この年齢周辺の女性を雇ったならば、「育児」というライフイベントをいつも意識する必要があります。このような状況になることを私も、所長ももっと覚悟するべきだったのでしょう。新しく従業員が入ってきたことに少し浮かれすぎていたのかもしれません。

育児休業を取りながら女性は働けばいいと思います。しかし、会社は仕事をするために集まってきている一つの組織ですから、今後の労働者自身の生活の青写真を、企業に伝えておくことで、企業側も採用の仕方など今後の手を打つことができます。

また、企業としても「妊娠」の事実をできるだけ早く話してもらえるような風通しの良い職場環境を作ることでその後の経営戦略を練りやすくなります。互いの立場を思いやれないと、特に中小企業では育児休業を上手に活用するのは難しいでしょう。

9　2度あることは・・・

そうは言っても２人目のＢさん懐妊の連絡はどこか余裕があったと思います。なぜなら、事務所にはもう１人Ｃさんがいたからです。

Ｃさんは、作業をするうえで安心して任せることができる職員でした。「ですから、２人が戻ってくるまで一緒に頑張ってよね。あなたの妊娠はそれからにして・・」などと笑いながら、そんな冗談を本気で言っていました。

それから４か月ほどして、またデジャブのようですが告白の再現がされたのです。正直この時のことは、あまり憶えていません。思考が一時的にストップしてしまったのだと思います。

Ｃさんにどんな声をかけてあげたのか、あげてないのか。
「うそでしょう・・・」とずっと思っていたし、思いたかったです。前述の通り、Ｃさんは安心して仕事を任せられる職員でしたから、なおさらでした。飲み込みの早い彼女はその頃はかなりいろいろなことができるようになっていたので、Ｃさんが近いうちに事務所に来なくなることは本当にショックでした。しかしご主人のお母さんから子供を作るように言われているのですという話も聞いていたし、何より戻ってきてほしいという気持ちがあったので、「事務所名をコウノトリにした方がいいかしら」とか笑いに替えてやり過ごしたように憶えています。

Ｃさんにも育児休業は取らせてあげるのが企業の義務ですし、心から良かったとは思っていましたが、Ｃさんがいなくなった次の日から仕事をどうしたらいいのだろうと考えると上手に笑顔で祝福できていたか、今、思い出しても少々不安です。

そして、このおめでたい出来事に素直に「おめでとう」と心から言えない自分にも、嫌気がさしました。職員たちが、悪いわけではないことは十分理解しているのですが・・・。

今ある仕事をどのように処理していけばいいのかを考えると、人のおめでたい出来事より何か月か先に訪れるであろう「職員がみんな休業に入る期間」をどう乗り越えるかに頭がシフトしてしまい、途方に暮れるばかりだったのです。

現場で働く私にとっては「実際の戦力」についてが一番の悩みですが、経営者である所長にとっては「費用」という面で問題を抱えていたと思います。育児休業で休んでいる間の給与は発生しませんが、育児休業に入るまでの準備期間、引き継ぎや仕事に慣れてもらうための期間に新しく採用した職員の人件費も重ねて支払う必要があります。この間は単純に倍の人件費が発生します。この点は所長を見ていても、大変そうに思えました。

派遣労働者を利用して一時的に補てんするという考えもありますが、直接雇用するのに比べ、単価が高くこれを長期間支払うことは企業にとっては大きな負担になります。育児休業、両立支援を今後も国が推奨していくのであれば、この「代替費用の重複部分」や「派遣労働者との賃金差額」だけでも企業に対し国が補てんしてくれるよう望みます。

10　職員の思い・・・

3人が育児休業を申し入れてきた際、所長はいつも同じ話をします。

「育児休業期間中と言えども、いつでも互いに話せる距離にいるように、そして他の職員に愛されるよう努めなさい。」という話です。

大企業の両立支援制度では、その制度自体の充実度に目が向きます。「育児休業は子供が何歳になるまで取れます」とか、「時短勤務は小学校何年生まで可能です」、「休業中に支払われる賃金の額はこれくらいです。」など企業ごとに違う制度自体の中身でこの企業は女性に優しい会社であると判断されることが多いと思います。新卒の女性が企業を選ぶ際も、この内容を参考に女性の働きやすい会社を選んでいるようです。

一方、私たちのような小さな企業では、大企業のように制度の充実度では到底かないません。しかし、中小企業でもそれなりの育児休業の強みがあると思います。それは互いが常に近い存在でいられるという点です。

大企業で育児休業に入る場合、代替要員も手配しやすいことから部署の異動があったり、本人に異動がない場合でも職場の周りの人が異動してしまい、育児休業を取得後、職場に復帰したものの、周りの環境がすっかり変わってしまい結局居場所がなくなってしまうというようなこともよくあります。その点、中小企業では、ほとんど異動する場所がありません。よって、職場のメンバーが動くこともなく、育児休業を取るときに出ていったメンバーで育児休業復帰の職員を迎え入れるということが多くなります。ですから、その職員がどんな形で育児休業に入ったかなどつぶさにみんなが知っているので、職員同士の親近感も一層深まります。これが、所長の最初の話につながるのです。

周囲のみんなに職員が愛されることで、職員の育児休業が企業の中の皆で支える育児休業となり、子供たちを職場に連れてくることで、他の職員も人の子供でありながら近しく感じることができる。復帰後も周りのみんなに暖かく迎え入れてもらえるし、その後にいろいろな問題が生じた時も周りの皆の協力を仰ぎやすいということもあります。制度自体が充実していなくとも、育児休業を取得させて、職場に戻してあげられるのは中小企業でも可能だという所長の持論なのです。

こういったためにも３人の職員には育児休業中もこまめに連絡をいれるよう、そしてたまには子供を連れて顔を出すよう言っていました。子供を連れて最初に顔を出した時にはお祝いを用意したり、職員を歓迎してきました。職場に子供を連れてくることにも肯定的でしたので、他の職員もうちの事務所は「育児休業大歓迎」なのだと思っていたことでしょう。

実際に、所長は職員が子供を連れてくる日は、朝からおじいちゃんが自分の孫を待つようにそわそわしていましたし・・・。

所長は制度で劣る部分を「顔と顔」、「気持ちと気持ち」を突き合わせることで、育児休業という一見隔たりのある労使の溝を埋めようしていたようです。

所長のこんな思いを感じてくれていたのか、３人はみんな代わる代わる、手土産をさげて遊びに来てくれました。病院と病院の間の時間をつぶすための時間を、他の場所ではなくうちの事務所を選んでくれることに、私も所長も大変うれしく感じていました。

このように中小企業で育児休業を上手に活用していくためには、制度の充実というハード面だけでなく、互いの気持ちというソフト面が重要になってくるのだと思います。事業主も育児休業を取得する労働者に対し、受け入れる姿勢を示すことで、互いの意志の疎通を図りやすくし、今後仕事を進めていく上でも戦略を練りやすくすることができます。

また、育児休業を取得しようとする職員自身も自分の権利ばかり主張して、周囲に依存する姿勢を前面に押し出すと周囲の労働者との間に、軋轢を生じさせ、育児休業から復帰した後本人が１番働きづらくなってしまうので、この点は十分配慮したほうがいいでしょう。

企業にまで子供を連れてくることが可能か否かは会社にもよりますし、仕事の内容によるものと思います。ですからこれが全部の企業で通用するとは思っておりませんが、互いの距離感をなるべく狭めることで、育児休業をみんなが当事者として考えられるのが、理想形ではないでしょうか。

11　見えない出口

「元気な子を産んで早く戻ってきてね・・・」

これで３回目のセリフです。仕事が平穏な時はいつでも、そう思っています。

彼女らが連れてくる子供を抱いていると、おばあちゃんのような気持になり、子供たちのお母さんである彼女らを支えることで、彼女らと一緒に子供たちを大きくしていこうとすら思っている時もあるのです。

しかし、仕事を細分化してつなぎ合わせながら進めている「パッチワーク業務」で働いていると、連絡ミスや意志の疎通が図られないことで思いもよらないミスが続くときがあります。こういったミスが原因で顧客や所長に叱られながら私は何のために働いているのだろうとふっと寂しく悲しくなることが幾度となくありました。育児休業に入った彼女らを戻すため、ギリギリのところで働いているうち、心の扉がバタンと閉まる瞬間があるのです。特に小さな事務所ですから、どうしてもやらないといけない仕事が残っている場合、１人きりで、事務所で仕事をしていると、やけに孤独を感じます。3人の職員すべてが育児休業に入ってしまった時は様々な人たちの力を借りてやってきましたが、プロパーであるメンバーがいないというのは寂しいことでした。

以前働いていた会社は基本的にチームで業務にあたるのが常でしたから、その一体感が仕事へのモチベーションを高めている分もあり、それに比べると、今の自分がなんとも孤独で無力であると感じたものです。

育児休業に入ったといっても、一体いつ戻ってくるかもわからない。いや、そもそも戻ってくるかどうかもわからない。繁忙期だといっても、彼女たちをあてにしてはいけない。いつまでこんなことが続くのだろうと思うと、叫び出したい衝動に駆られそれを所長にぶつけることで自分を保っていたように思います。

ある時は、会社の帰りにお酒を飲みながらであったり、ある時は、業務中に作業の手を止めてであったり、この間に何回も話し合いを重ねました。「自分が頑張るしかない、乗り越えるしかない」という結論はわかっていたので、誰かが聞いてくれるだけでよかったように思います。今の自分の実情を自分以外の人が見ていてくれて、認めてくれて、励ましてくれることで、立ち止まって逃げ出したくなる自分を、奮い立たせ「明日だけは頑張ろう」と思い毎日を過ごしていたように思います。

育児休業を上手に運用していくためには、周りの皆になるべく不満を持たせないことが大切で、難しいことなのだと思います。この解決策は周りで頑張っている労働者を、事業主をはじめとするみんなが認めてあげることが必要なのではないでしょうか。

12　時短勤務もなかなかの強敵

子供を育てている職員たちと仕事をしていて、お母さんというものは大変だと改めて感じます。女性は子供の母親になることでより一層強くなり、本能的に子供を育てることを優先するように作られた生き物なのかもしれません。

育児休業に入る前には、「すぐに戻ってきますから・・・」「仕事も大切ですから・・・」と言っていた彼女たちが、子供を産んでかえってくると立派なお母さんという生き物に変身しています。

もちろん、私自身を振り返ってもそうであったし、当たり前だとは思うのですが、会社で一緒に働く者からするとなんとも寂しく思います。

それを特に感じるのが「時短勤務中」です。育児休業の間は本人が出勤しておらず目の当たりにしないので、こちらもいないと割り切っています。ですから彼女たちの存在そのものを忘れて日々の業務にあたっているのでそういった思いはあまり感じないのですが、時短勤務が始まると仕事への意欲が変わった彼女たちを目の当たりにするので、お母さんというものの大きさを改めて感じます。

「今日は娘が熱を出したので・・・」はまだ仕方がないとしても、「泣いて機嫌が悪いので保育園に預けることができない」となると気持ちの持ちようではないかと意地悪く感じてしまいます。（最も私は子育てをしたというものの、乳児の期間は専業で育児をしていたので、この心の葛藤はあまりわからないのかもしれませんが・・・）

また業務上の問題としては、保育園のお迎えの時間というタイムリミットがあるため、未完成の仕事の引き継ぎが必要になります。事務所では３時半前後には、退社し始め４時30分を過ぎるとほとんど皆がいなくなります。この時間後に顧客先からの彼女たちのやっていた仕事についての電話があると詳細がわからず、スムーズに対応できないという問題が起こります。

時短勤務を認めることで、事務所内でいろいろな支障が出るのは仕方ありませんが、顧客先に迷惑をかけるというのは、考えなくてはいけない問題です。育児休業は１年間程度です。しかし、時短勤務は法律上で３歳まで、企業によっては小学校入学前後までの長期間に亘ります。この長い間、彼女たちが早く帰った分の仕事を引き継ぐ者にとっては、社内で何か策を講じなければ、負担は増すばかりです。「育児中」という特別に扱われる期間と言えども、あまり長期間に亘ると、そこには周囲の労働者との間に軋轢が生じることは致し方ありません。

この問題点がクローズアップされたのが「資生堂ショック」という問題でしょう。女性の働きやすい企業として育児休暇や短時間勤務などをいち早く導入してきた「資生堂」が、方針転換を打ち出し、子育て中の女性社員にも平等なシフトやノルマを与えることになったというニュースです。

具体的には美容部員と呼ばれる女性営業職の中の、「育児中の美容部員」と「それ以外の美容部員」との間にシフト等についての大きな隔たりが生じ、「それ以外の美容部員」から「不公平だ」「プライベートの時間が持てない」等の声が続出し、営業成績が下降したことも、方針転換の一因となったようです。　営業成績が落ちたのは、最も客が来店する時間に『「育児中の美容部員」が抜けたこと』を１つの要因と考え、制度の見直しを行うことにしたという内容です。「1ヵ月の土日８日のうち２日は勤務することを基本とし、また、遅番１０日を基本とし、会社が決定する」といった内容でした。

この育児休業最先端企業の一見後退とも思える制度改革に関しては、各場所で様々な意見が出されているようです。

両立支援策の最先端を進んでいる「資生堂」ですが、その「資生堂」ですらこのような策を講じなくてはならない現状をみると、育児中の労働者とその周辺の労働者との間の不公平感に企業がどう対処していくかが企業にとっての今後の課題となるのでしょう。

13　育児休業復帰・・戻る職員、辞める職員

育児休業は復帰してもらうことを前提とする制度です。

ですから、事務所も戻ってきてもらうことを頭において育児休業中の業務を乗り切っていきます。一旦育児休業に入った職員が戻ってくるのに、事務所として戻りやすい環境を整えてあげたいと私たちは考えてきました。

其の一つとして、時々は子供を連れてでもいいから、事務所に顔を出してねという話です。職員の顔を見ることで、離れていてもうちの職員だと私たち自身も感じることができますし、それにより今の大変さを乗り切る力の原動力になります。

そんな風に思って送り出した３人の職員でしたが、Ｂさんは残念ながら戻ることは出来ませんでした。保育園には入園できていたのですが、他にもきっといろいろな問題があったからだと思います。

しかし、保育園に入園が決まり、４月復帰と言っていた彼女ですが、復帰を１か月ごと後ろ倒しにしていき、最終的に10月に「戻れない」ということで退所してしまいました。優秀な職員でしたし復職させてあげたいという気持ちが私にも大きかったので、こんなずるずるした形になり、互いに後味の悪い結果となってしまいました。（彼女も復帰時期には戻ってきたいという意志はあったと思うのですが・・・）

一方で、復帰してくる職員は復職の予定時期がずれることもあまりありません。それなりのスケジュールを自分自身でもっているためか大きな予定変更はありませんでした。保育園の入園の可否などの外的な要因により、休業当初から育児休業の期間を特定することは難しいにしても、それ以外の理由で復帰を伸ばすといったことはありませんでした。仕事を任せている以上事務所としても、復帰の時期を考えながら人員の構成を考えています。その復帰の日付があまりぶれるのであれば、それは一旦復帰そのものを考え直し、雇用契約を終了するということも、互いのために必要なのかなと今回のケースで思いました。

中小企業だから顔が見える位置にある分、事務所としても職員の気持ちを推し測り、時期をずらしてでも戻してあげようと思ってしまったことが、今回の大きな反省点です。これからはそういった点ではもう少しドライに考えながら「復帰」ということに対応していこうと思っています。

第３章　　実務編

仕事と育児の両立支援を推進するために

1　男女雇用機会均等法・・男女の平等ってなんだろう

ここで、少し社会全体に目を向けてみたいと思います。

１９８６年均等法が施行されてから間もなく３０年になります。確かに昔に比べると社会に進出する女性が増えてきたと思います。男女間の平等が叫ばれ、募集・採用・配置・昇進・教育等の各ステージにおいて性別を理由とする差別が均等法により禁止されています。女性の憧れの職業の１つである「看護婦」は、今は「看護師」と呼ばれています。「婦」だと女性のみを表す職種の名称となってしまい、均等法違反の怖れがあるからです。

このように均等法では厳格に「性別」による差別を禁止していますが、企業の実態に目を向けてみると、まだまだ対応しきれない部分が多いように思えます。なぜなら実際の企業では重要な役職を占める割合はやはり男性がほとんどだからです。

図表２をご覧ください。管理的職業従事者に占める女性の割合を国ごとに比較したものです。

この図表２を見ると世界の中で、日本は女性の管理職の割合が極めて低くなっています。

それでは、他国と比較して日本が特別男女間で能力の差があるかというと、そういったわけではありません。

私どもが普段お付き合いしていただいている各企業の人事担当者の人たちの話によると、採用時の成績は上位者を占めるのがほとんど女性だそうです。これは日本全体が豊かになり、男女にかかわらず高学歴化が進んだため、恒常的な努力を得意とする女性の方が入社時の成績が上位にくるようです。

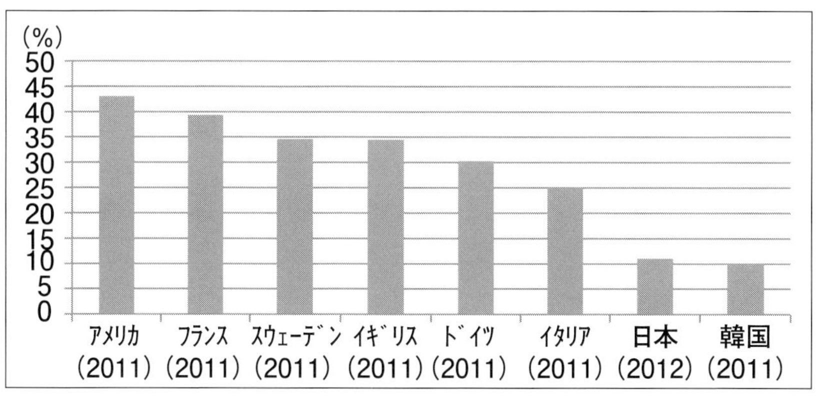

図表２　女性の管理職率の国際比較
出所：総務省「労働力調査」，労働政策研究・研修機構「データブック国際労働比較（2013 年版）」，pp.77 を筆者加工。

しかし時を経て、入社時に優秀であった女性たちはいつの間にか「会社」という組織の中で、本来の実力を発揮できないまま、労働市場からの撤退を余儀なくされるケースが多くみられます。
この結果、日本が他国と比較して女性の管理職の割合が少なくなっているのでしょう。

２　いよいよやってきた！「女性活躍推進法」

安倍内閣の一つの特徴として女性の社会進出に、大変積極的な点が挙げられます。少子高齢化が進む日本では、今後労働力人口は減少していくと考えられ、これを解決していくために、女性を労働市場へ引き戻すということが急務ということなのでしょう。安倍内閣の３本の矢の３本目「成長戦略」の一つとして女性の活用が進められている今、その戦略の一つとして、女性活躍推進法の施行があります。

２０１６年４月から女性活躍推進法が施行され、その原則として次の３つが挙げられています。

①女性に対する採用、昇進等の機会の積極的な提供及びその活用が行われていること

②職業生活と家庭生活との両立を図るため環境の整備を行い、会社と家庭生活との円滑で継続的な両立を可能にすること
③女性の職業生活と家庭生活との両立に関し、本人の意思が尊重されるべきこと

女性の力を十分に発揮させるために、女性の職業生活における活躍を推進することを目的として定められた法律です。この法律についての詳細の内容は後編の理論編にまかせることとしますが、ここでは女性の活躍について実務的な視点で見ていきたいと思います。

今回の施行される法律では、一定規模の企業において、「事業主行動計画」の策定が義務づけられるようになります。この行動計画を策定するにあたり、次のような取り組みを行うよう指針が出されています。

①女性の積極採用に関する取り組み
②配置・育成・教育訓練に関する取り組み
③継続就業に関する取り組み
④長時間労働の是正など働き方の改革に向けた取り組み
⑤女性の積極登用・評価に関する取り組み
⑥雇用形態や職種転換に対する取り組み
⑦女性の再雇用や中途採用に関する取り組み
⑧性別役割分担意識の見直しなど職場風土改革に関する取り組み

各企業はこれらの指針を参考に、自社の女性活躍に関する状況の把握と課題を分析し、それを踏まえた行動計画を作成することを義務づけています。

私が話を聞いた幾人かの人事担当者によると、この行動計画を作成するにあたり、指針の中のいくつかは企業の根幹をなす部分への取り組みであり、人事部のみで勝手に決定できる項目ではないため、行動計画に盛り込める内容は限られたものになるという話でした。そこで、各企業ではその企業なりの取り組める目標を選定し、それを目指すための行動計画を策定するつもりであると話しておりました。特に手をつけ易い項目として挙げられていたのが、「継続就業に関する取り組み」でした。

この点はすでにどの企業もある程度、策を講じているため、その目標の設定の仕方がとりやすいのかもしれません。また、従業員への周知や公表に関しても示しやすいことも挙げられるでしょう。

3　何故女性を活躍させる必要があるのだろうか

では、何故女性の活躍が必要なのかを考えてみたいと思います。

少子高齢化に伴い、日本の労働力人口は減少し始めています。一方で、医療技術等の発展により人口高年齢化は一層進んできています。そしてこのことによって、高齢者を支える現役世代の割合が減少していくことが予想され、現在の年金制度のままでは、制度そのものを存続させることが難しくなってきているとされているのです。

日本の女性の労働者の就業率の分布図（図表３）を見ると、30歳代から40歳代にかけて女性の就業率が一旦低くなり、そのあと徐々に就業率が上がってくるM字型のカーブを描く分布図となっています。

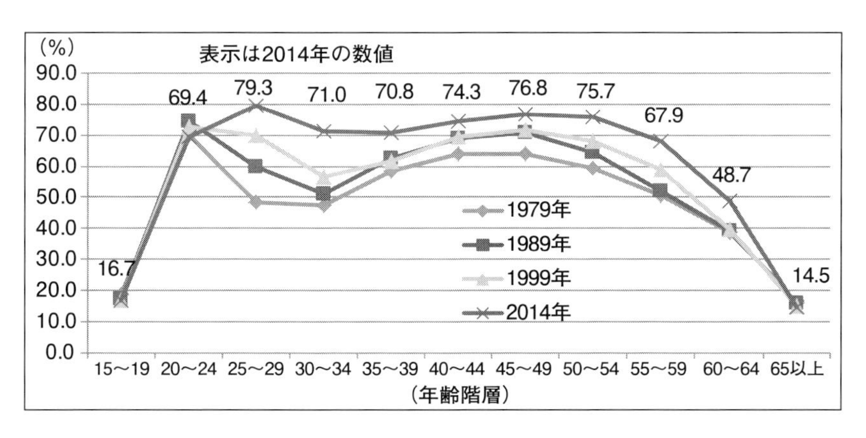

図表３　日本の女性の年齢層別労働力率

出所：総務省「労働力調査　長期時系列データ：年齢階級（５歳階級）別労働力人口及び人口比率」をもとに筆者作成。

この年齢層がちょうど女性が出産する年齢に当たり、多くの女性は出産を機に一旦職を辞すという傾向が昔からありました。

一方で女性の就業希望者数と就業率との差異は大きく、多くの女性が働きたいと思っていても、諸般の理由により、職に就くことができないことを示しています（図表 4）。

この諸般の理由の大きなものに育児・出産があるといわれています。
そこで、女性の活躍を推進させるためには、女性の大きなライフイベントである出産・育児に会社がどう関わっていくのかということが大きな課題となっているのです。

多くの場合、図表５が示すように女性の年齢別の就業形態を見てみると、出産等で一旦退職した後仕事は非正規雇用となる場合が多く、その雇用は不安定で､「女性が安心して働ける環境」という点において疑問視されています。

そこで女性の安定した雇用を維持するため、国は女性がキャリアを中断しなくても、出産・育児が可能になるように企業に「育児休業」を義務化しました。しかし、この育児と仕事の両立は多くの場合一筋縄でいかない問題を抱えています。これらの問題をすべて企業のみに負わすことは、企業にとってあまりにも大きな負担となります。これでは企業が女性を雇うことに消極的になってしまい、かえって就業意欲があっても就業することができない女性が増えてしまうという負のスパイラルに陥ってしまうのです。

女性を上手に活用したいのであれば、企業のみに負担を負わせるのではなく、国、自治体、そして女性労働者自身も、互いに歩み寄りながら女性の就業に対して前向きに取り組む必要があります。

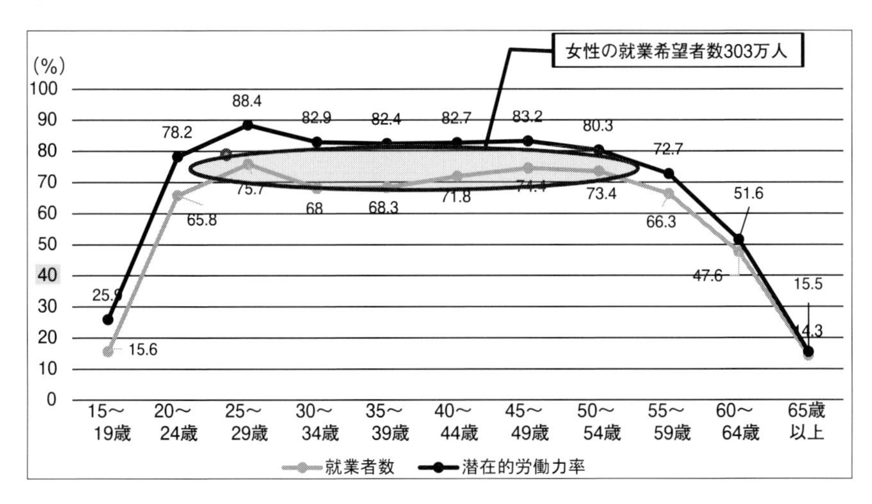

図表４　女性の年齢階級別就業率と潜在的労働力率
出所：総務省「労働力調査（詳細集計）」より筆者作成。

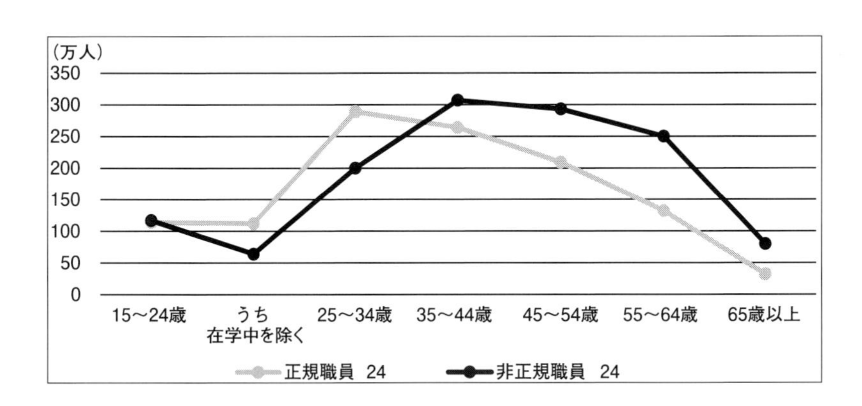

図表５　女性の年齢階級別就業形態
出所：総務省「平成26年労働力調査（基本集計）」より筆者作成。

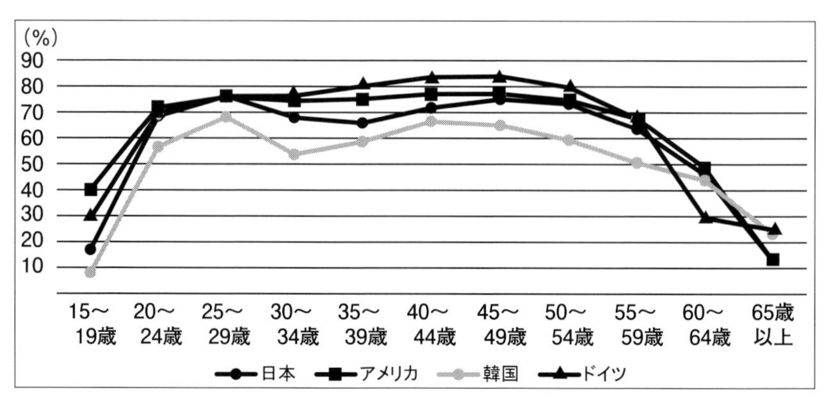

図表６　女性の年齢階級別労働力率（国際比較）
出所：総務省「平成 24 年労働力調査（基本集計）」より筆者作成。

一方で図表６の分布図を見ると、世界各国の女性の労働力率が同じ動きを示すかというと、実は違っています。女性の労働力率が「M字の曲線」を描くのは日本と韓国ぐらいとなっています。欧米でこの集計を行うと、ボトムの部分がなく台形の形となっています。もちろん、欧米の女性も出産育児をするのですが、出産が離職の理由とはなっていことが推測されます。今後、高齢化が進むといわれる日本も世界の他の国ように、女性を上手に活用し活躍させる必要性が出てきたわけです。

現在、政府が推し進めている女性活躍推進法の施行により、女性の働き方がどう変化し、改善されるのか。そして、女性の働き方が変わるとするなら、それに併せて男性の働き方も変えていく必要性が出てくるでしょう。「男性だから」「女性だから」ということではなく、おたがいの個性を尊重しながら、仕事と家庭を両立させることに対して共通の目的となる社会にできれば、あの「M字カーブ」が台形の形へと近づくのではないでしょうか。

4　女性の社会進出を阻むものは？

先日、企業に勤務する仲間の社労士と話していて大変興味深い話を耳にしました。

入社試験の結果でそのまま順位をつけるのであれば、試験の出来では上位者のほとんどが女性になってしまう。だから、企業はあえて高い下駄を男性に履かせ、採用の調整をするという話でした。

このように、女性の社会進出を阻むのは男性社会が作り出す会社という組織なのでしょうか。これについては半分が本当で、半分は違うと私は思っています。女性が優秀なことも、下駄を履かせて、男性が有利になるよう企業が誘導していることもきっと真実なのでしょう。

女性の社会進出が取りざたされていても日本の場合、女性の管理職の割合はまだ少ないといえます。入社時の成績は、女性のほうが優秀であったにも関わらず、です。そもそも、企業という組織は男性社会でしたからそこに女性が割り込むこと自体大変なことです。「働くのは男性」という昔からの考えが皆の中にあり、限られたポストを女性に荒らしてほしくないという考え方は今でも多くの企業の中にあると聞きます。上司である男性が、主に人事権の采配をふるうのであれば、女性の社会進出を阻んでいるのはやはり男性社会といえるかもしれません。しかし、企業は営利目的で運営される以上、優秀な人材を活躍させ、利益をもたらすという考えが基本にあるなら、そこに男性とか女性とかの境界はないでしょう。

それではなぜ、入社試験で優秀だった女性が企業の要職に残れないのでしょうか。

そのヒントは、前述の会話の続きの中にありました。

「企業が求める人材とは男性とか、女性とかではなく、「産まないヒト」なのよね。」という言葉でした。一番大きな問題はやはり女性には出産というライフイベントがあり、女性の多くがこのライフイベントを経てきます。その「出産」には１年を超える長期間のキャリアの中断を考えなくてはなりません。しかし、女性が一線から離れている期間も、男性社員は着々と自分のキャリアを積んでいきます。この休業中の期間を企業においてはマイナスのイメージとして捉えます。この間のキャリアと人々に残る意識が後になっても埋まらないということなのでしょう。

また、本人にとってもキャリアを中断することで、仕事より「育児」というものが重要になり、仕事に対するモチベーションが下がってしまう時期が一時的にあります。この間の女性労働者は企業にとって「稼働しない労働力」

となり、労働力としてカウントに入れることが出来ません。

復職後においても、短時間勤務だったり、不安定な出勤状況などで、休業前と同じように働くことが難しくなります。1名が休んでいるくらいで企業の運営に支障が出るのでは困るのですが、それが2名、3名となり、復帰後もかなりの期間を「1人前」と数えることができないとなると、そもそも母数である全体の社員数が多くない中小企業にとっては、業務の運営に影響を及ぼしかねないということなのでしょう。

実際にこれまで3人の育児休業に頭を悩ませてきた今の私には、納得できる部分もあります。出産する可能性の高い年齢の女性の、採用をためらってしまうという気持ちが起きても仕方がないかもしれません。

しかし、社会全体が女性の労働力を必要とする以上、この「出産・育児」に対し企業も向き合っていく覚悟が必要になります。これを拒むと、少子化がさらに進むか女性の社会進出が難しくなるでしょう。

子供を産んだ女性であっても、企業で活躍している女性はいないのかというと、決してそういうわけではありません。女性の意志と周囲の協力により、仕事と家庭を両立させながら、企業で活躍している女性もたくさんいます。

修士論文の取材の際に話を伺った人たちの話の中にも周りを巻き込み、互いで協力をしながら育児期を乗り切ってきたエピソードがたくさんありました。勤務先では、「残業等ができないとき」、「出社することができない日」など、会社の他の職員の協力を得ることも必要です。自宅においての協力先は子供を預けるための保育園などの公的な施設であったり、夫を始めとする家族であったり、周りの友人であったりするでしょう。このように周りに協力を仰ぎつつ、みんなは仕事も諦めることなく仕事と育児の両立をさせてきたようです。

周りに協力を得るためには、普段から、緊急時に協力を仰ぐための根まわしや配慮が必要になります。

多くの働く女性はその配慮や感謝の気持ちをもって、仕事をしていると思います。しかし、法律が整備されればされるほど、法律を盾に自分の権利のみを主張する一部の女性の労働者がいることも事実です。世間で「女性は使いづらい」という意識を植え付けているのは、一部のそういった女性の言動にあるのではないでしょうか？。

そこには法律以前の社会人としての周囲に対する気配りの問題があります。本当に妊娠したことで、周りのみんなが冷たくなったのでしょうか。最初はきっと応援したいと思っていた周りの人もたくさんいたと思います。女性は男性より自分のライフステージが今どこにあるかによって、公私の重きを置く比重が変わってきます。育児期はどれほど仕事を頑張りたくても、限界があります。この育児期を周囲の皆が応援したくなるよう普段より、環境作りをしておくことが大切なことでしょう。「育児はそんなに簡単なものじゃない」育児を経験しているので、その点ももちろん承知しているつもりです。できない時間に会社に来て働けと言っているわけではありません。

しかし、今すぐには企業が求める時間を費やすことができないなら、皆の支援を受ける必要があるという意識は忘れずにいる必要があると思います。女性の社会進出を目指すのであれば、まず女性自身が仕事に対する意欲を持ち続け、日ごろから周りと良好な人間関係を築くことが大切なことなのです。

5　女性の活躍推進度を評価してみよう！

1. まず、図表7のチェックリストをやってみましょう。

次の質問に対して、御社の取り組み・実績を評価してください。

評価の方法：0→取り組みなし　1→取り組みしているが達成はしていない　2→すでに達成している

1．採用・配置・教育・訓練		評価記入欄	
①	男女公平に採用を行っていますか		
②	男女で育成方針に違いはありませんか		
③	男女で仕事の分担や教育訓練に違いはありませんか		
④	女性社員が参加しづらい曜日や時間帯にばかり研修が設定されていませんか		小計
⑤	評価の際わけ隔てなく公平に評価を行っていますか		
2．職場の意識改革への取組み		評価記入欄	
①	女性活躍推進に関する自社の明確な取組方針を示していますか		
②	取組方針に関し管理職や職員は理解できているますか		
③	セクハラ、マタハラ、パワハラ防止に関する周知及び研修を実施していますか		
④	男性の育児参加、育児休業を促す取り組みを実施していますか		小計
⑤	管理職に対し女性の社員に対する両立支援育成の意識改革を行っていますか		
3．働き方改革		評価記入欄	
①	年次有給休暇の取得促進のために取組を行っていますか		
②	社内で長時間労働や残業が常態化していませんか		
③	会社としてワークライフバランスに取組む方針を明確にしていますか		
④	今の働き方の効率化を改善するため、具体的に業務の見直し、効率化を進めていますか		小計
⑤	フレックスタイムの導入など労働時間を柔軟に運用できる制度を導入していますか		
4．両立支援制度		評価記入欄	
①	両立支援制度は労働者に周知され利用されていますか		
②	仕事と生活が両立しやすいよう働く時間や場所に融通が利く制度を導入していますか		
③	制度の内容・運用について従業員から意見を聞いていますか		
④	ライフスタイルの変化に応じて雇用形態の変更や再雇用制度を柔軟に選択できますか		小計
⑤	育児休業復帰者が円滑に職場復帰できるような体制はありますか		
5．女性キャリアアップへの取り組み		評価記入欄	
①	女性の管理職はいますか		
②	女性社員が少ない部署にもチャレンジできる体制は整っていますか		
③	多彩な女性社員の活躍モデルはありますか		
④	キャリアアップへの支援について男性のみでなく女性にも行っていますか		小計
⑤	転換制度を設けて、正社員になりキャリアアップした女性はいますか		

図表7　女性活躍推進度チェックリスト

2. それぞれの小計を書きグラフに記入してください。

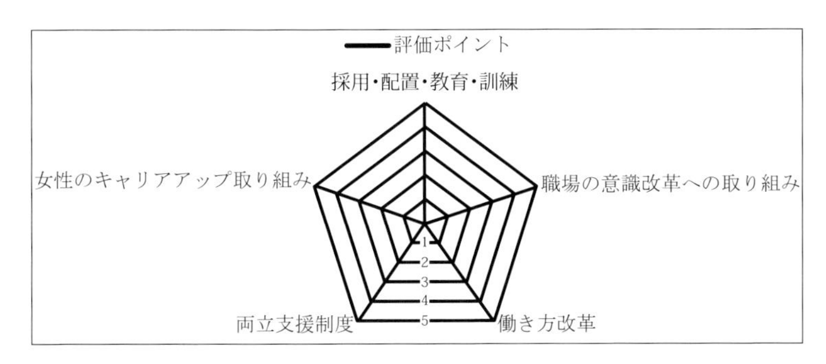

いかがでしたか。

大きな五角形に近づくほど、御社の女性活躍推進度は高いと考えられます。始めから大きな五角形になっていなくてもよいのです。まずは、取り組みやすいところから始めてみることが大切です。

最後に、女性活躍推進法について働く女性たちと話し合っていた時、すでに女性の管理職となっている友人が言っていた言葉が大変印象的であったので、ここに表記したいと思います。

「自分の努力でここまで上がってきた私たちにとって「女性活躍推進法」は実は迷惑な面もある。法律があるから上がってきたように思われるから・・・」女性の為に制定された法律が，今まで頑張ってきたほかの女性を追い詰めるということもあるのだということを肝に銘じ、今後育児休業を取得するだろう後輩たちにも、女性の地位を築き上げるのは法律ではなく女性自身であることを伝えていきたいと思います。

【引用・参考文献】

総務省「労働力調査　長期時系列データ：年齢階級（5 歳階級）別労働力人口及び人口比率」(http://www.stat.go.jp/data/roudou/longtime/03roudou.htm)，検索日：2015 年 1 月 17 日。

労働政策研究・研修機構「データブック国際労働比較（2013 年版）」労働政策研究・研修機構。

総務省「労働力調査」(http://www.stat.go.jp/data/roudou/index.htm), 検索日：2016 年 1 月 17 日。

第4章　　実務編

実体験から見えてきた課題

1　代替要員の確保

代替要員の問題では2つの問題があります。

1つはどのようにして代替要員を確保するかという点。もう1つは、いつから代替要員を補充するかという点です。

1つ目の問題は当所の場合、多くの臨時の職員たちに支えられて仕事を廻してきました。「士業」という仕事柄もあるのですが、自分で独立するまでの一定の期間、仕事を経験するという目的で一時的に事務所の仕事を手伝ってくれる社労士の仲間がいました。そういった面で人手がいなくて困るということは当所の場合は、ありませんでした。

当所の事例を大阪産業大学の井上仁志准教授が「第7回日本子育て学会」にて発表をしました。その時に使われた当所の職員の休業と代替え要員の関係を表にまとめたものが図表8です。

図表を見ていただくとわかるように、3人もの育児休業者がいた割合には、どの時期も誰かが入っていてくれましたので、誰もいなくて困ったという事はありませんでした。

士業でいう「いそ勉」と呼ばれるものがあることで、子弟関係という日本古来からの独特の慣習により皆の協力を得ながら乗り切ってきたという事を図表8を見て、改めて感じました。

発送業務やPCの入力作業などは、学生のバイトの子たちでも十分に力を発揮してくれました。入力作業という点では、事務所にいる誰より早く入力してくれました。業務を分担して適切な仕事を任せることで充分代替の一部になってくれました。

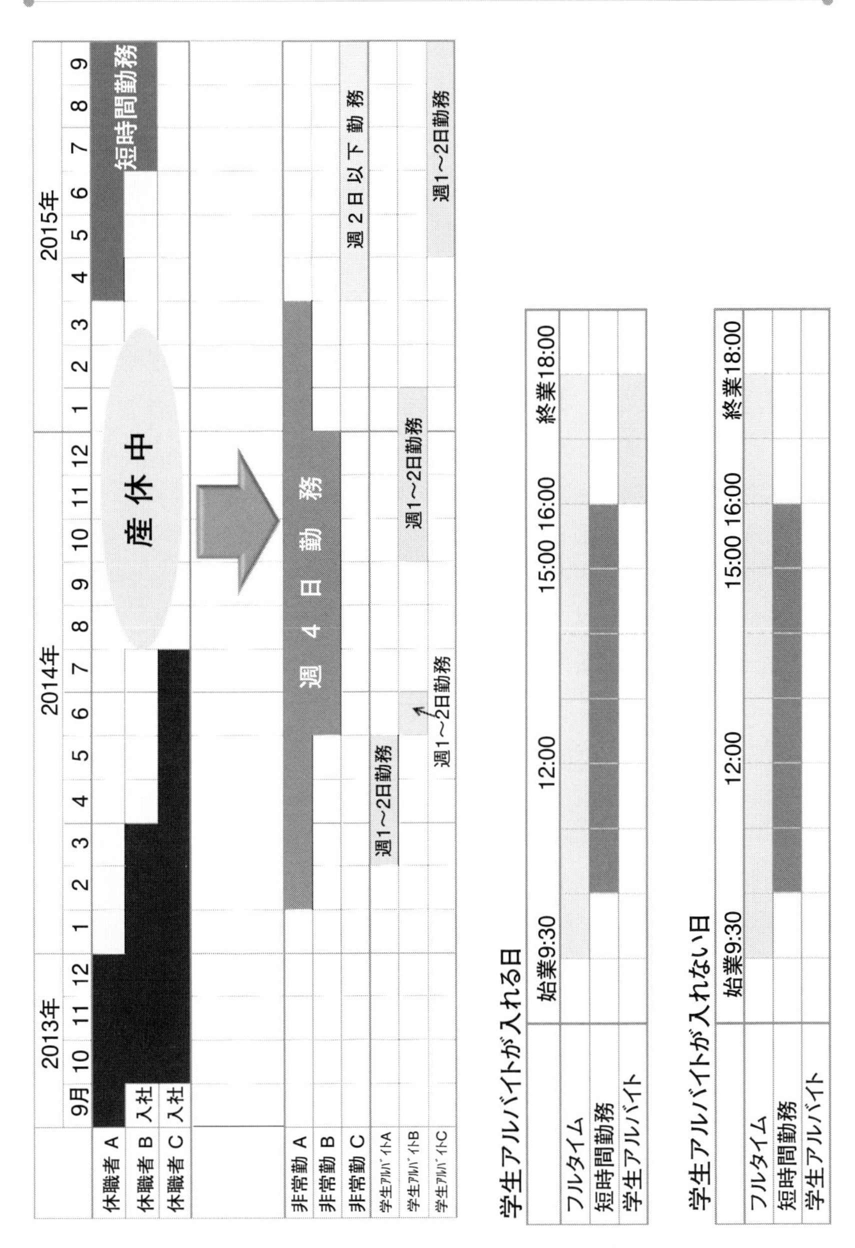

図表８　いいの事務所　育児休取得時の代替要員表
出所：井上（2015）
「経営者の決意と職場環境が育児支援に与える影響」。

しかし一方で、手伝ってくれた人たちの多くが、社労士の業務についての初心者であり、さらに事務所にいてくれる時間も、切れ切れのパッチワークのようだったので、その都度ごとに教えなくてはならない点や何人もの人が出入りしているため、誰に教えていて誰に教えていないかなど「情報を共有する」といった点ではかなり苦労しました。

特に、情報の共有については、今やっていることを、誰が入ってもこれまでの経緯がわかるように「伝える」という作業に手こずりました。忙しいとこの記録が後回しになってしまい、何か事件が起きた時に、以前やっていた人の足跡が辿れず、それを把握するのに、通常より時間を取られてしまうということがよくありました。これが続くと業務の時間が長くなり、みんなが疲弊してしまいミスが増えるといった悪循環につながっていきました。

手続きごとに管理台帳を作成し、いつ誰が入っても分かるようにと作業をみんなに「見える化」させること、労働者間のコミュニケーションを怠らないことが「パッチワーク」勤務には重要であると強く感じました。

一方、当所のように新人社労士等を活用できない場合は育休取得者の仕事内容を分担して、社内で吸収していくか、社外に代替の要員を求めるかが一つの選択となります。内部で吸収して業務を行う場合は、一定の人員が会社に在籍している必要があります。そうでないと吸収する社員の負担が大きくなり、残された社員が長時間労働になり、彼らの仕事に対するモチベーションの低下につながる恐れがあります。

内部で分担するには、その他の職員の労働時間に対しても十分な配慮が必要となります。

また、外部に補てんを求める場合は、求人に対して求職があるかという点が挙げられます。一定の期間しか働けない「育休要員」といった条件に対して、一体どれくらいの人が応募してくれるかは其の求人を出すタイミングによるところも多いと思います。現在のように景気が良くなり、求人のほうが過多となると、応募してくる人は当然少なくなります。こうなるとなかなか外部に人材を求めても、思った人材を採用することは難しくなるでしょう。

そこで、提案したいのは、育児が終了した社会復帰を目指す年齢の女性をターゲットとして採用することです。自分を思い返しても一旦職場から離れた場合、社会復帰をすることは不安なものです。この社会復帰のスタートとして「有期のお試し」で働いてもらえると互いに良いのではないかと思います。

派遣労働者を入れるなら求人について悩むことは不要ですが、この場合は派遣は支払う単価が高いため通常より費用が嵩むといった問題点があります。いずれにしても外部に対しての代替要員の確保を求める場合にも様々な課題があります。

その他の案として育児休業を取得している本人に対し在宅勤務で頼むことも出来るでしょう。職場復帰を考えている場合には仕事への意識が高いので、育児をしながらもできる業務を、本人にやってもらうことも視野に入れても良いのではないでしょうか。当所で育児休業に入っていた職員も、事務所に遊びに来たときには、現在進行中の業務に対して大変前向きでした。昨今ではインターネット等の発展で、自宅でも行える業務もあるでしょう。在宅勤務や臨時的な出社を併せながら、対応していくのもよいのではと思います。

２つめの代替の時期ですが、これも難しい問題です。休業が始まる時点で業務を引き継げれば１番良いのですが、休業の始まりは前章で述べたように特定することが難しい場合が多いです。体調が悪くなり、そのまま入院してしまった場合、人員が不足したまま業務を廻すことが可能か否かにより、代替要員を入れる時期が変わってきます。

長期間会社内で代替することは難しくとも、一定の限られた期間なら内部で業務を吸収することが可能ならば、費用の面もありますので休業に合わせて人員を確保するのが理想ではあると思います。もちろん適当な人材がすぐ見つかるかどうかのリスクも鑑みながら、全体のスケジュールを組むようにしなければなりません。

さらに休業に入る職員の業務については、かなり事前の段階から周囲の職員で共有し、早めに引き継いでおくことは重要です。

２　費用の問題

人材の確保とともに事業主にとって頭を悩ます問題として挙げられるものに費用の問題があります。

そのほとんど多くが代替要員の確保にまつわるものです。例えば、代替の人材を確保するための求人広告費、新しい人材を入れた場合に発生する、引き継ぎ期間の余剰の人件費、内部で仕事をワークシェアリングする場合、仕事が増えることで発生する時間外手当の追加分などにおいて、費用が発生します。

これらは事業主にとって「育児休業」を取得させる際の大きな問題です。しかし、「マタハラ」という言葉が日常横行している現代では、労働者に辞めてもらうことは到底できません。(判例でも、マタハラに対しては企業が圧倒的に劣勢です。)

この費用の面において、当所では助成金を活用することで、出ていく費用の補てんに充てました。「これは使えるのでは」、と考える助成金をいくつかご紹介したいと思います。(2016 年 4 月現在の情報です)

(１)「中小企業等両立支援助成金」(代替要員確保コース)

まず当所でも申請した助成金として、「中小企業等両立支援助成金」の中の「代替要員確保コース」があります。

これは育児休業を取得している労働者の代わりに代替要員を入れた場合に、助成金がもらえるというものです。①３か月以上の期間、育児休業取得者の代替として新規に労働者を雇い入れた後、②育児休業取得者を元の職に復帰させ、③復帰後 6 か月を超えた場合に受給できるといったものです。

この助成金で注意することは、育児休業を取得した者の業務をすべて代替する必要があります。つまり、育児休業に入った労働者の仕事の一部のみを代替するのでは不十分となります。

例えば、育児休業に入った労働者が、ある資格を有し、特殊な業務ができる者の場合、そのことに対して賃金・手当が支払われているのであれば、代替要員も有資格の必要があり、賃金・手当の支給が支払われていなくてはなりません。

さらに、代替要員は、育児休業取得者の妊娠が判明した後に、新規採用された者である必要があります。また、この助成金には該当の育児休業取得者とその代替要員の雇用契約書を添付するのですが、この所定労働時間は概ね同じ条件である必要があります。

一人の育児休業を複数の人数で代替することも可能ですが、この場合も所定労働時間の概念は同じで、それぞれの代替要員の合計時間が、育児休業取得者の所定労働時間より長いものである必要があります。

育児休業者を元の職へ復帰させるに当たっては、（1）職位が休業前より下がっていたり、（2）就業規則に定めた育児のための時短勤務制度以外の理由で時間を短くする場合は、本人の希望であったとしても、原職に復帰させたとは認められず、助成金の支給対象とはなりません。

これらの育児休業復帰に関しては、就業規則等に規定されており、これに基づいて原職復帰させている必要があります。

この助成金により受給できる額は育児休業取得者1人当たり50万円が1事業年度で10人まで支給されます。（くるみん認定事業所については50人まで受給できます）

さらに、育児休業取得者が期間雇用者である場合、10万円の加算があります。申請時期は育児休業から取得した労働者が復帰してから、6か月を経過した日から申請が可能になり、2か月間のうちに申請を終える必要があります。

（2）「中小企業等両立支援助成金」（育児復帰支援プランコース）

これから育児休業を取得する予定がある企業では「育児復帰支援プランコース」というものがあります。当所では育児休業の取得の申し出があった当時は、事務所の仕事をどのように廻すかに気を取られ、この助成金の存在に気が付かなかったために、申請することは出来ませんでした。しかし、これから制度を整備していこうと思っている事業所には良い助成金です。

この助成金は育休復帰プランナーの支援に基づき、育休復帰支援プランを作成し、これを周知・実施することで1企業につき30万円、職場復帰時にさらに30万円が受給できます。

この育児復帰プランナーとは、厚生労働省が認めるもので、無料で作成を依頼することができます。実はこの話に出てくるAさんが2人目の妊娠をしていることがこの本の執筆中に判明したので、当所でもこれからこの助成金を申請することを現在検討中です。

（3）「女性活躍加速化推進助成金」

さらに「女性活躍推進法」に関連して、新しい助成金ができました。「女性活躍加速化推進助成金」とよばれるもので、女性活躍推進法に沿って、一般事業主行動計画の策定を行い、行動計画を盛り込んだ取組内容を実施し、達成した事業主に支給される助成金です。

助成金の種類には2種類あります。「加速化Aコース」とは対象が雇用する労働者300人以下の中小企業の事業主であり、行動計画を盛り込んだ取組内容を実施した場合に1事業主につき30万円が支給されます。「加速化Aコース」は実施したのみで助成金の対象になるので、企業としては取り組みやすいと思います。

「加速化Nコース」は行動計画を盛り込んだ取組内容を実施し、そこに盛り込まれている数値目標を達成した場合に、1事業主につき30万円が支給されるので、こちらは結果が求められます。

中小企業ではこの「加速化Aコース」と「加速化Nコース」は併用が可能ですので、中小企業の事業主は併せて60万円受給できることになります。女性活躍推進法は、今でこそ301人以上の企業に義務づけられているものですが、将来的にはすべての企業に義務づけられる可能性があります。いまこれに対応することで助成金が受給できるのですから、申請する価値は十分あると思います。

3　業務の共有化と安定性

社員が育児休業に入っている間には、人員の配置が安定的でないことが多く、入れ替わりながら業務をワークシェアして仕事をすることがあります。当所でも、育児休業中の代替として、新人の開業社労士や大学生に手伝ってもらいながら急場をしのいでいました。助けてくれる人の多くがうちの事務所以外に本業を持っている事が多く、その日入れる人に入ってもらいながら仕事を進めてきました。

また、復帰後についても時短勤務で出勤しているため、就業時間のうち出社している時間が一般的に短く、業務を実際に行った人が事務所にいないことが多く、業務に対する問い合わせがきてもすぐに応えることができないことが頻繁に発生しました。ワークシェアリングをしながら業務を行っていることで、横の繋がりを強固にしておかないと、思わぬミスが発覚してしまいます。私たちの仕事では一つの手続きを行うのに何人もの手を通過していきます。その途中で、責任の所在が不明瞭になり手続きが中途で止まっていたということが起こりました。事務所の中は通常は笑顔も多く和やかな事務所なのですが、肝心の業務について、情報を共有できていなかったためのミスでした。

また、ミスにつながらないまでも各職員が顧問先と話し合った内容が事務所全員に伝わっていない為、顧問先の担当者に同じことをくり返し聞くといったこともありました。

今回仕事をしていてわかったことですが、他人と一緒に仕事をしていくことは思っている以上に難しいと感じます。情報を共有することは、大変手間なことです。ましてや目の前に全員がいれば、一度話せば済むのですが、みんながその場にいないケースが多い今回のような場合には、誰がいつ先方の顧問先から質問を受けてもわかるようにしておく必要があります。

このための作業に時間を割くというのは、骨の折れることです。今度皆が出てきたら伝えようと思っていてもほとんど忘れてしまいますから、皆がわかる場所に紙に残す必要性を強く感じました。この面倒を省くことで、その後何かが起こった時に、その何倍もの時間を割かなければなりません。職員が安定していない時だからこそ、情報の共有が業務を安定させるのだということを実感しました。

では、どんな点に注意したら良いのでしょうか？

まず、「業務を１人で完結できない」ということを前提に準備する必要があります。自分以外の誰かが処理しようと思ったときスムーズに手続きができるようにするには、どうしたらいいかという視点で情報の整理が必要です。例えば、すべての情報を「見える化」し、整理して保管するなどです。

出来ればその業務の経緯がわかるように順を追ってメモしておくと、その後に入った人が分かりやすいでしょう。また、その情報を記したメモも誰もが取り出せるよう、皆で決定した場所に保管する必要があります。いつ誰が受けても対応できるよう、情報の整理をすることが望ましいです。

業務の引き継ぎについてですが、短時間勤務などで早く帰る際に時短勤務の社員は、少しでも業務をこなしてから帰ろうとギリギリまで、仕事をしてしまいがちですが、今、この業務を進めるよりも、いない時間を意識し、情報の整理に時間を十分に取るよう指示したほうが全体の業務がスムーズに進みます。

社員が安定しない時だからこそ、業務の安定を図るため各自の努力が必要となります。

4　スキルやモチベーションの低下を防ぐ

育児休業に入る労働者は、時には１年以上、仕事の現場から遠のくこととなります。多くの人事部の方の話を聞くと、業務を離れて１年のブランクがあると「業務に支障が出る」と感じるとのことでした。この話によっても、職業意識が高く、常に自己啓発を怠らない労働者を除いて、１年以上も現場から離れるということはある程度スキルや仕事へのモチベーションが低下していると予想できます。そして仕事に対する勘も鈍くなりがちです。現場から長期間離れているのですからそれは当然のことと考えられます。

このスキルやモチベーションの低下を抑えるために会社ができることは何でしょうか？

当所の場合でも、休業前に出来ていたことが１年以上の休業を終えて復職すると、ほとんど忘れてしまっているようでした。以前出来ていたことなので、つい教えることを割愛してしまい、後になって教えていなかったことに気付くといったことが何回かありました。休業取得期間に仕事のおさらいをしておきなさいというのは、無理だとしても事務所から顧問先へ送る情報やメルマガを休業中の労働者にも送ったり、ＦＢを送ったりしながら、事務所の一員であるという意識を互いに持つことは大切です。

仕事に戻るに際にも、企業と何の関わりもなく１年過ごして戻るよりも、情報を適宜受け取っていたほうが、仕事復帰のイメージを持ちやすいようです。

さらに当所では復職する１～２か月前に何度か出社してもらい、お試し勤務ということで、勤務してもらいました。企業によっては何人かを集めてＯＦＦ－ＪＴでの教育を行うというのも良いと思います。休業前と違い「子供をもって仕事をすること」を実際にイメージしてもらい、本番の復帰に向けて準備をしてもらうことで、スムーズな職場復帰をさせることもができます。

5　中小企業が育児休業と上手に向き合う法

育児休業を取ることも与えることも当然になり、新卒の学生たちはいかに好条件で仕事と育児を両立させてくれる企業であるかを１つのものさしにして、行きたい会社を選ぶ時代になってきました。大手の企業では優秀な人材を確保するため、両立支援策の充実を図っています。

しかし、中小の企業にとって「育児」は厄介なものととらえがちです。

事実これまで話してきたように当所は３人もの育児休業が出て、事務所として途方に暮れる時期もありました。

しかし転覆しそうだった事務所も何とか乗りきることができたようです。そして今思うことがあります。（少しやせ我慢も入っていますが・・・）

それは「中小企業にとって「育児休業」はデメリットしかないというわけではない」ということです。

たとえば、中小企業が優秀な人材を確保し企業の成長を目指そうとするのであれば、いま労働市場に出てきていない女性を活用することを考えなくてはなりません。優秀な労働力はどこに埋もれているか？を考えると、一旦大手の企業に就職した女性で現在働いていない女性を活用するというのが、優秀な人材を獲得できる一つの手段ではないかと思います。結婚や夫の転勤などの諸事情により退職した彼女たちを採用できるのは、この時しかないと思います。一旦大企業を退職した彼女らは、次の就職先として自分のキャリアを積むための仕事を探している傾向にあります。この就業意欲のある女性を雇用し、能力を活かすことで、中小企業でも十分に優秀な人材を確保できるといえます。こういった女性をターゲットにしていくためには、当面の彼女らの心配事である「育児」に対し、企業も受け入れていくことが不可欠になってきます。これからは男性とか女性とかではなく、「優秀で会社にとって必要な人材」に対して、法制度等を活用しながら、長く働いてもらうことを念頭に入れて、労務管理を行っていく必要があります。

また、従業員の労働時間が限られるときだからこそ、企業内の作業の仕方を見直す１つのきっかけとなるでしょう。少ない人数で代替を行わなくてはならない中小企業では、この機会に仕事の効率化や無駄を省くことを考え、より効率的に業務を行える環境を作る１つのチャンスとなるでしょう。一見は事業主にとって面倒ごとにしか思えないであろう育児の問題ですが、見方を変えることで、企業が成長していくための重要なキーとなると考えます。

それでは女性が働きやすい企業とはどういった企業なのでしょうか。

それは女性だけでなく男性にも働きやすい企業といえます。
というとあまり働かせない企業のように思われますが、そうではなく働くべき時と余裕がある時のメリハリを、会社全体でつけることができる会社です。このメリハリをつけるためには、仕事に対するやる気が重要になってきます。やる気のない社員ではその時間が「さぼり」につながりかねないからです。

最後に社労士の私がいうのもはばかられますが、育児休業を誰にとっても使いやすいように整える必要があるわけではないと思います。

甘えた社員には厳しく、やる気のある社員には成長を促すための制度づくりをすべきなのです。

そのためには「法律で決められた」全員に守らなくてはいけない部分と会社独自に作る、優秀な人材を確保するために与える「恩恵的な部分」に分け、やる気のある社員が会社を辞めずに仕事を続けていくための両立支援制度を確立することが必要です。そして、これを作り出すためには、何が現場で必要なのかを分析することが大切です。周囲の従業員や本人たちの意見を聞きながら制度を整えることで、育児に対する職場の考え方も変わっていくのではないでしょうか。

6　これまでを振り返って

こうやって初めての妊娠宣言からこれまでの２年半を振り返ってみると、色々な問題が起きその都度悩んできましたが、何とか今まで乗り切ることができました。今こうして事務所が廻っているのは、その時々に多くの人たちに助けられてきたからだということをあらためて感じます。

初めての妊娠宣言で事務所の今後が不安だった時には大学院の友人が助けてくれたり、２人目の職員が緊急入院になり産休よりかなり早く休みに入ってしまった時も社労士の後輩が助けてくれました。

その他にもインターンで来ていた大学生が学校帰りに一時的に入ってくれたりもしました。そして育児休業を取得した職員たち本人も事務所に戻ってくるために一生懸命頑張ってきてくれました。この点は大いに感謝しています。思えば本当に多くの人たちの手を借りながら、ここまでやってきたように思います。

「仕事」とは長期戦です。仕事をする職場には沢山の人がおり、その人たちにはそれぞれに抱える自分のライフステージごとの事情があります。そしてそこには「育児期」ということだけでなく、各自が抱える様々な事情が発生します。例えば「仕事が思うように捗らない時期」であったり、「親の介護」であったり、「自分の病気」だったり、と様々です。「周りの人々」に協力を仰ぐ必要がある時期というのが誰にでも起こりうると考える方が妥当でしょう。育児休業のみでない様々な状況が自分にも起こりうること、その際には状況が逆転し、周りへ何らかの支援を依頼するかもしれないという自覚をもって、各自が仕事を続けていけたらいいのではないかと思います。この本を執筆することで、かつて修士論文で書いた「お互いさま」という気持ちは、労務管理の基本だということを再確認しました。

女性の活躍推進は、中小企業にとって多くの課題が存在します。しかしながら、今後の日本の社会は「女性の活躍」に向けて着々と歩みを進めていくのです。

今回の執筆中、これまでの経験を思い起こし、継続就業を推進するにあたって様々な課題が残っていることに改めて気づきました。しかし、こういった課題も互いの協力を仰ぎながら、尊重し１つ１つを埋めていくことで解決できると思います。不公平感を互いに露わにしたところで、なんの解決にもならないですから・・・。

職場の雰囲気が悪いと仕事をすることが楽しくなくなり、職場全体の作業効率も下がってしまいます。まずは、自分のために、こちらから歩み寄る姿勢を大切にできたらと思っています。

縁あって同じ職場で働く仲間となったのですから。

「理論編」では知っておかなければならない「法律」の内容について詳しく解説しています。こちらもご覧ください。

最後に・・・

この本に当所の実態を描くことによって、「縁あって同じ職場で働く仲間」である彼女たちを、もしかしたら嫌な気分にさせてしまうのでは・・・。

そんなことを感じながら書き進めてきました。もちろん、嫌な気分にさせるためにこの本を書いたのではありませんし、「女性活躍推進」に水を差すつもりも毛頭ありません。

書き終わってやっぱり私は「継続就業擁護派」であると言っておきます。ただ、中小企業とも呼べない個人事務所では、一筋縄ではいかなかったこと、そして様々な課題が浮き彫りになったこと。

これらのことを敢えて私が感じたままに書き記し、当所が必死になって「継続就業」について取り組んできた実態を示すことで、「中小企業でもやれないことはない！」ということが伝えられたのではと感じています。

私が悩み、考えたことが中小企業での女性活躍推進の力になってもらえれば幸いです。

【引用・参考文献】

井上仁志（2015）「経営者の決意と職場環境が育児支援に与える影響」日本子育て学会第7回大会発表資料。

第1章 理論編

女性活躍推進概論

0 理論と現実の違い

実務編では、女性が企業内で活躍するために重要となる両立支援を実行していくための並々ならぬ努力が述べられている。夢を持って企業に就職した女性が結婚、出産、育児を経て定年まで働き続けるための施策が口で言うほど簡単ではないことを物語っている。

当該企業は、正規労働者5名中3名が育児休業という状況で正規労働者と非正規労働者を上手く組み合わせることによって、両立支援をしながら、的確な業務運営を行ってきた。女性労働者の活躍推進には、経営者の熱い思いと最適な人材配置、業務付与が重要となる。育児休業者が担当していた業務を如何に再配分するのか、復帰してきた短時間勤務者の補完を如何にすべきか、正規労働者で全てをカバーすることが難しい小企業での実践と課題を認識することが、女性活躍推進のヒントになると考えている。

今後の少子化、消費者ニーズの多様化に対応するためには、能力のある人材の活用、とりわけ女性の活躍推進は喫緊の課題である。一方で、女性の活躍推進に当たって実際の業務運用では多くの問題が発生し、その都度障害を乗り越えなければならいことも事実である。女性活躍推進は綺麗ごとではなく多種多様な施策と職場の意識改革によらなければ実現できない。

企業経営者の皆さんには、この理論編の内容を参考に女性の活躍推進に向けた適切な計画策定と着実な実践を期待したい。

1　女性活躍推進の必要性

2015 年 8 月「女性の職業生活における活躍の推進に関する法律」(以下「女性活躍推進法」という。) が国会で成立し、2016 年 4 月から施行された。

1986 年に女性の活躍推進の前提となる「雇用の分野における男女の均等な機会及び待遇の確保等に関する法律」(以下「男女雇用機会均等法」という。) が施行されてから 30 年の節目に女性活躍推進法が施行された意義は大きい。

男女雇用機会均等法が施行されてから 6 年後の 1992 年には、女性が出産・育児という大きなライフイベントを確実に通過できるように「育児休業に関する法律」(以下「育児休業法」という。) が施行された。労働基準法も女性の活躍推進に向けて母性保護の理念は維持しながら規制の緩和を実施してきた。しかしながら、未だ雇用の分野における男女の格差解消はされていない。特に出産、育児で退職する女性の割合は 30 年前に比べて改善されておらず、この退職した女性が再度就職しようとした場合に非正規労働者としてしか戻れないことも大きな課題となっている。

この非正規労働に代表される不安定な雇用や補完的な業務、正規労働者であっても管理職層の低い人材育成意識、社会の女性に対する性的役割分業意識などによって仕事を通じて社会に貢献する、自己実現を図ることができないことが日本の女性労働の大きな問題である。

女性活躍推進法制定の前段階として、2014 年 10 月 3 日の閣議決定により、様々な状況に置かれた女性が、自らの希望を実現して輝くことにより、我が国最大の潜在力である「女性の力」が十分に発揮され、社会の活性化につながるよう、内閣に「すべての女性が輝く社会づくり本部」が設置されて、女性の活躍を積極的に推進することとした。この本部が掲げている内容[1]が女

[1] 同本部が掲げた「すべての女性が輝く政策パッケージ」は、①安心して妊娠・出産・子育て・介護したい、②職場で活躍したい、③地域で活躍したい、起業したい、④健康で安定した生活をしたい、⑤安全・安心な暮らしをしたい、⑥人や情報とつながりたい、という女性の希望に答えることを具体的な行動目標にしている。

性の活躍推進の本旨である。

女性の活躍推進で重要なことは、法律が制定されたから女性の活躍推進を実施しなければならないと考えてはいけないということである。日本の女性が男性と同じように自己実現に向けて働き、それが経済・社会の好循環を生み出す原動力になっているのであれば、わざわざ法律を制定する必要はないからである。加えて多くの政策的課題として取り上げる必要もない。

今回の女性活躍推進法は、女性の活躍推進ができていない日本社会において、少しでも課題の改善を図るべく10年間の時限立法とし制定されたものである。

10年後には、法律はもう不要であると誰もが思える社会を構築していくことが、行政、国民、企業に求められている。

2　女性労働に関する法制定状況

女性の活躍推進を考える上で、日本の女性労働に関する法整備の歴史的経過をみてみる。

戦後、日本国憲法には性別による差別を禁止する内容が盛り込まれ、女性に対して参政権を認める選挙法が改正された。雇用の分野において最初に男女の同一賃金を定めたのが1947年施行の労働基準法である。

それ以降も女性労働に関する政策が論議され、必要な法整備が図られてきた。しかしながら、制定された法律の規定は必ずしも女性の活躍に向けたものではなく、女性労働者の保護を中心としたものであったともいえる。これは、日本社会の男性は仕事、女性は家事・育児という性的役割分業意識が根強いことを意味している。

女性が社会や職場で活躍するための施策の第一歩として1972年に「勤労婦人福祉法」が制定された。この法律は勤労する女性の職業能力の向上と育児、家事との調和、福祉の増進を目的にしていた。

それ以降数々の法整備や政策が実施されてきたが、特にインパクトがあったのは「男女雇用機会均等法」である。

その後、1992年には、「育児休業法」が施行された［その後介護の内容が追加され「育児休業、介護休業等育児又は家族介護を行う労働者の福祉に関する法律」(以下「育児・介護休業法」という。)となった。]。続いて2003年に「次世代育成支援対策推進法」が制定され、子育てと女性の就業継続を推進することとなった。

年	制定内容
1947	労働基準法公布・施行（男女同一賃金、女子保護規定）
1972	勤労婦人福祉法公布・施行
1985	男女雇用機会均等法成立（正式名称は「雇用の分野における男女の均等な機会及び待遇の確保女子労働者の福祉の増進に関する法律」という）
1986	男女雇用機会均等法施行
1991	育児休業法公布
1992	育児休業法施行
1993	パートタイム労働法公布・施行（正式名称は「短時間労働者の雇用管理の改善等に関する法律」という）
1995	改正育児休業法一部施行
1997	男女雇用機会均等法一部改正公布 労働基準法一部改正公布 育児休業法一部改正公布
1998	改正男女雇用機会均等法一部施行（母性保護に関する規定） 改正労働基準法一部施行（多胎妊娠の産前休業が10週から14週に延長） 労働基準法一部改正公布（女子の時間外労働についての激変緩和）
1999	改正男女雇用機会均等法全面施行 改正労働基準法全面施行 改正育児・介護（1999年から追加された介護に関する事項が施行）休業法全面施行 男女共同参画社会基本法成立
2001	改正育児・介護休業法成立、一部施行（不利益取り扱いの禁止など）
2002	改正育児・介護休業法全面施行（育児または介護を行う労働者の時間外労働の制限、勤務時間の短縮などの措置の対象となる子の年齢の引き上げなど）
2003	少子化社会対策基本法成立・施行 次世代育成支援対策推進法成立・一部施行
2004	改正育児・介護休業法公布（育児休業・介護休業の対象労働者の拡大など）
2005	改正育児・介護休業法全面施行 次世代育成支援対策推進法全面施行
2006	改正男女雇用機会均等法および改正労働基準法公布
2007	改正男女雇用機会均等法および改正労働基準法施行 改正パートタイム労働法公布
2008	改正パートタイム労働法施行
2009	改正育児・介護休業法公布（短時間勤務制度の義務化等）
2010	改正育児・介護休業法施行
2014	改正次世代育成支援対策推進法公布
2015	改正次世代育成支援対策推進法（10年間の延長など） 女性活躍推進法公布（正式には「女性の職業生活における活躍の推進に関する法律」という）
2016	女性活躍推進法

図表9　女性労働に関する法制度の変遷

出所:伊岐（2011）「女性労働政策の展開－「正義」「活用」「福祉」の視点から－」, pp.247-251をもとに、近年の事項等を付記して筆者加工。

男女雇用機会均等法の制定によって、企業では男性と女性の雇用差別をなくす方策が実施されるようにはなってきた。しかし、妊娠、出産した女性は子育てすることが役割であるという社会的意識が根底にあったことから、女性の能力を伸長させて、企業内で活躍してもらうという発想に欠けていた。

その後、欧米先進諸国で女性の社会進出と雇用、育児環境の改善が進む中においても、日本の女性の雇用分野における改善は進まなかった。企業内での女性の活躍、とりわけ管理職の割合は極めて低いままとなっている。

国は、男女雇用機会均等法の制定によって、採用の段階から男女が同等に扱われ、適切な教育・訓練を受け、ライフイベントを上手く通過でき、女性管理職の割合も増加し、男女の平等化が進展していくと想定していた。しかし、男女雇用機会均等法制定から30年の今日でも女性管理職の割合は増加したとはいえ「カメの歩み」のごとく欧米先進諸国に比べて、極めて遅い進捗となっている。

今回制定された女性活躍推進法によって、企業内の女性の活躍状況の把握、分析や今後の行動計画の策定が義務付けられ、その内容を公開しなければならなくなった。設定した目標を達成しない企業は、就職する女子学生の企業選考で不利になる可能性がある。加えて社会的に低い評価を受ける等企業イメージが悪くなることも想定される。

3　女性労働に関する政策の変遷

法の制定と合わせて国がどのような政策を立案、実施してきたかによって、女性の活躍推進に向けた姿勢が判断できる。

日本は1980年に女性差別撤廃条約に署名はしたものの、その後政策として目覚ましい前進は見られなかった。1994年になってやっと「エンゼルプラン」を策定し、その後2007年に「仕事と生活の調和（ワーク・ライフ・バランス）憲章」、2010年の第三次男女共同参画基本計画などの施策を展開してきた。これらによって「行政が担う責務」、「企業が行うべき施策」、「国民の取組」の基礎的条件は整備されつつある。

女性の活躍推進については、各種の法律が制定され女性労働問題の解決に向け、後見的な役目を果たしてきた。しかし、女性が働く上で真の課題の解決には至っていない。課題を解決するためには、法律を制定するだけでは足らず、法律と両輪をなす実効的な政策の立案と実践が重要である。

女性労働に関する政策の変遷は、図表10に示すとおりとなっている。

年	政策内容
1980	女子差別撤廃条約に日本署名
1985	女子差別撤廃条約批准
1987	女子労働者福祉対策基本方針策定
1991	コース別雇用管理の望ましいあり方発表
1992	第2次女子労働者福祉対策基本方針策定
1994	エンゼルプラン策定（正式には「今後の子育て支援のための施策の基本的方向について」という）
1995	家族的責任を有する男女労働者の機会及び待遇の均等に関する条約（ILO第156号条約）批准
1999	新エンゼルプラン合意
2000	男女雇用機会均等対策基本方針策定
2001	仕事と子育ての両立支援策の方針について閣議決定
2003	男女間の賃金格差の解消のための賃金管理及び雇用管理改善方策に係るガイドライン作成
2005	労働政策審議会建議（雇用均等分科会報告「今後の男女雇用機会均等対策について」）
2007	ワーク・ライフ・バランス推進官民トップ会議取りまとめ「仕事と生活の調和（ワーク・ライフ・バランス）憲章」「仕事と生活の調査推進のための行動指針」
2008	労働政策審議会建議（雇用均等分科会報告「仕事と家庭の両立支援対策の充実について」）
2010	第3次男女共同参画基本計画を閣議決定（2015年までに民間企業の課長相当職以上に10%程度を目標）
2014	内閣にすべての女性が輝く社会づくり本部設置

図表10　女性労働に関する政策の変遷

出所：伊岐（2011）「女性労働政策の展開－「正義」「活用」「福祉」の視点から－」，pp.247-251をもとに、近年の事項等を付記して筆者加工。

4　日本社会の意識

日本の女性の現状を考えるときに最も注意すべき点は、「性的役割分業意識」の存在である。日本社会に根付いたこの価値観が未だに多くの人の深層心理の中にあることから、女性の活躍推進と言葉を発しても、法律が制定されても意識がついていかない。

例えば、育児休業制度を考えてみても、法律は性別に関わりなく子を持つ親が育児期に仕事を一時休止して、子の世話に専念できることを想定しているが、現実に育児休業を取得している父親は実務編図表1に示すとおり2.3％[2]しかいない。社会の意識が育児は女性の仕事であり、そのために出産した女性が子供の面倒を確実に見ることができるように育児休業制度が導入されたのだという思いが、人々の根底にあるのが日本の特徴であるといえる。

性的役割分業意識の他に企業において管理職に登用される割合が圧倒的に男性に偏在していることから、男性である夫が出世競争に勝って高い収入を得られるように、妻である女性が育児休業を取得するという意識が夫婦の両方にある。加えて母性として育児期は自分で子の世話をしたいという女性がいることも事実である。このような要因が複雑に影響して、女性が育児休業を選択していると想定できる。

このような状況の中で、女性が継続的に働くことができるようにするためには、男性のみならず、女性の意識改革も必要となる。

日本の女性労働問題として「統計的差別」[3]もある。最近は聞かなくなってきたといわれているが、多くの経営者や管理職の意識の中に存在していた。経営者や管理職は、この統計的差別という価値観によって能力のある女性、継続就業の意思のある女性にも、「女性はすぐやめる、だから研修、訓練させてもその費用が無駄になる。多様な職歴を積ませても何もならない。」と考え、能力開発に真剣にならいという悪循環を生んできた。

このような本人の能力ではなく性別によって差別されることをなくすために、国は憲法第13条の個人の尊厳[4]や第14条の法の下の平等[5]の理念を具体的に労働基準法、男女雇用機会均等法、育児・介護休業法といった立法政策によって強制的に実行しようとしている。

日本における雇用の考え方も子育て期の親の選択肢を狭めている。日本に

---

[2] 厚生労働省（2015）「平成26年度雇用均等基本調査」，pp.9-10。

[3] 統計的差別とは、企業が個々の労働者の能力等を把握することができないため、学歴や性別といった属性の平均値に基づいて処遇や能力開発を一律に行うこと。

おいては、本人の能力を売りにして正規労働者として企業を渡り歩くことはできない。子育て期に一旦労働市場から退いても容易に正規労働者として再雇用されるのであれば、その方向を選択する余地も十分残されていると考えられる。しかし、現行の日本における雇用慣行と非正規労働者に重点を置きつつある企業の人的資源管理の方向性を考慮すると、まず、就業継続できる方策を模索することが優先であると考えられる。女性労働者の就業継続には、経営者、管理職といった企業組織の中で人的資源をマネジメントする立場の人に、就業継続させるべきとの考えを醸成していくことが必要となる。そのためにも女性労働者の活躍が現実に企業業績向上に直結するとの認識を導き出し、なるべく同一企業でキャリアを積み重ね、自己実現を図ることができるようにしなければならない。

---

[4] 憲法第13条は、「すべて国民は、個人として尊重される。生命、自由及び幸福追求に対する国民の権利については、公共の福祉に反しない限り、立法その他の国政の上で、最大の尊重を必要とする。」と規定し、日本国憲法の頂点に位置する条文であるといわれている。

[5] 憲法第14条は、「すべて国民は、法の下に平等であって、人種、信条、性別、社会的身分又は門地により、政治的、経済的又は社会的関係において、差別されない。」と定め、一人ひとりの国民が性別などの本人の能力や努力と全く関係ない事柄で差別されないことを規定している。

【引用・参考文献】

伊岐紀子（2011）「女性労働政策の展開－「正義」「活用」「福祉」の視点から－」労働政策レポート Vol.9, 労働政策研究・研修機構（http://www.jil.go.jp/institute/rodo/2011/documents/009.pdf）, 検索日 2015 年 11 月 29 日。

井上仁志（2015）「女性の活躍推進に向けた雇用の現状と課題－女性雇用の実態からの考察－」『大阪産業大学経営論集』第 16 巻第 2・3 号合併号, pp.133-154。

金谷千慧子 (2003)『企業を変える女性のキャリア・マネージメント』中央大学出版会。

厚生労働省（2015）「平成 26 年度雇用均等基本調査」（http://www.mhlw.go.jp/toukei/list/dl/71-26r-07.pdf），検索日：2015 年 11 月 30 日。

柴山恵美子・藤井治枝・守屋貴司編著（2005）『世界の女性労働』ミネルヴァ書房。

内閣府経済社会総合研究所 (2006)『フランスとドイツの家庭生活調査』国立印刷局。

第2章　理論編

企業の取り組み（女性活躍推進法対応）

1　企業での女性活躍推進の必要性

少子・高齢化が進展する中で、今後、女性や高齢者の活用は企業の維持・発展に必要不可欠となってくる。労働力人口の減少をどのような方策で賄っていくかを今から考えていかなければならない。

高齢者の活用については、公的年金の支給年齢繰り下げや技術・技能の伝承の必要性から、議論、検討がなされ多くの企業ですでに実施されている。一方、女性の活躍推進については、掛け声は各企業で出されているものの実効的な施策を十分に検討し、労働者のコンセンサスを得た状態で実施している企業は少ない。単に育児休業等の諸制度の充実という箱は作ったが、最も重要な業務付与や育成に関する方針が明確に打ち出されていない。つまり意識面での実効的な施策が実施されているとはいいがたい。

労働力人口の半分は女性であり、この女性がいかに意欲を持って活躍できるようにするかが企業発展の重要な要素である。「女性活躍推進法が制定されたからやろう」という考え方ではなく、高い意識を持って入社してきた女性労働者を活躍させる制度と体制作りをすることが必要となる。加えて、現在パートタイマー等で働く非正規の女性労働者をどのように処遇し、意欲を持って働いてもらうかも早急に検討しなければならない。

本章において、企業内で女性が活躍するために必要な事項を挙げているので、これを参考にしながら女性活躍推進に向けた実行的な施策の計画、実施をしなければならない。

児玉 (2004) は、企業内の女性の比率の高さが利益に対して正の影響を与えると分析し[6]、阿部 (2007) もポジティブ・アクションとワーク・ライフ・

バランスを積極的に行っている企業ほど、売上と生産性が高いとしている[7]。

欧米先進諸国においては、性的役割分業意識が低下し女性が家庭生活と仕事の両立を図ることができるようになってきた。この要因としては、両立支援策と均等施策といった法整備や各種の政策と相まって女性の高学歴化、社会一般の意識変革、家事・育児の共同化の相乗効果が考えられる。女性の社会進出が男性働き手中心の人事管理制度を崩壊させ、企業内で活躍できる土壌を整備してきた。

欧米先進諸国同様、日本においても男女雇用機会均等法、育児・介護休業法、次世代育成支援対策推進法、労働契約法、短時間労働者の雇用管理の改善等に関する法律（パートタイム労働法）といった法整備がされてきた。また、エンゼルプラン、仕事と生活の調和（ワーク・ライフ・バランス）憲章などの施策もその都度打ち出されてきた。これに加え女性の高学歴化、共働き世帯の増加も著しい。しかし、欧米先進諸国と同様の展開になっていないのは、法的整備や行政府の施策では不十分な実態があるといえるからにほかならない。その大きな要因は性的役割分業意識、日本的雇用慣行を引きずった人材育成意識、過度の配慮による業務経験不足と想定できる。特に自分の将来を夢みて、厳しい就職活動の末に入社した企業で自己実現を図る前に退職せざるを得ないという「就業継続に関する課題」、家事・育児のために一度退職した後の「キャリア実現に関する課題」は、女性の活躍推進に向けて改善しなければならない喫緊の課題として認識しなければならない。

この課題克服には、女性労働者が結婚、妊娠、出産、育児というライフイベントを上手く通過し、個人の能力を伸長させ企業の中核的人材として認識されることが必要である。これによって男性労働者中心の人事制度を払拭しなければならない。

ライフイベントを上手く通過するためには、第一に法的拘束力を持った差別防止規制を立法府がしっかり議論し制定することと、実行ある両立支援策

6　児玉(2004)「女性活用は企業業績を高めるか」, p.39。

7　阿部(2007)「ポジティブ・アクション，ワーク・ライフ・バランスと生産性」, p.188。

を行政府が実施することである。第二に家事・育児は夫婦共同で行うことと、負担について平準化が図れるように意識面と物理面での努力が必要となる。第三に企業として女性労働者のライフステージを考えた諸制度の充実とキャリア開発・設計、加えて男性労働者が家事・育児に参加する機運を企業内で醸成していかなければならない。三位一体となった積極的施策を確実に実践していかなければ抜本的な改善にはつながらない。この前提条件の基に女性労働者個々の能力を見極めた人的資本投資をしてこそ、我が国最大の潜在力である「女性の力」が十分に発揮され、経済・社会の活性化につながることになる[8]。

2　企業が行うべき施策

今回成立した女性活躍推進法によって、労働者300人を超える事業所は自社における女性の活躍状況の把握・課題分析、行動計画の策定・届出、情報公開をしなければならないことになった。労働者300人以下の企業も努力義務となっている。

事業主が行うべき行動計画は図表11のようになっている。この中で重要なことは状況の把握と課題の分析である。単に数値を羅列すればよいというものではなく、自社における女性の活躍を阻害している要因を十分把握、分析して真の課題を導き出さなければならない。それを基に有効的な計画を策定することが求められている。

次項以降でその具体的な内容について解説する。なお、図表１１（5）の履行確保措置については、行政が行うべき指導助言であることから解説は行わない。

8　経営者や管理職は、女性活躍推進を考える際に行政対応や家庭内での状況などを考慮し、施策を検討しなければならない。

（1）　自社の女性の活躍に関する状況把握・課題分析 状況把握の必修項目（省令で規定） ①女性採用比率　②勤続年数　③労働時間の状況　④女性管理職比率 ※任意項目についてさらに検討
（2）　状況把握・課題分析を踏まえた行動計画の策定・届出 行動計画の必修記載事項 目標（定量的目標）　取組内容　実施時期　計画期間
（3）　女性の活躍に関する情報公開 情報公開項目（省令で規定） 女性の職業選択に資するよう、省令で定める情報（限定列挙）から 事業主が適切と考えるものを公表
（4）　認定制度 認定基準（省令）は、企業毎・企業規模毎の特性等に配慮し、今後検討
（5）　履行確保措置 厚生労働大臣（都道府県労働局長）による報告徴収・助言指導・勧告

図表11　事業主行動計画

出所：厚生労働省（2015a）「女性活躍推進法特集ページ」をもとに筆者加工。

3　自社の女性の状況把握・課題分析

（1）採用比率

女性の活躍を推進するためには、採用の段階からどのように育成し、最終的な到達点をどこにするかというキャリアパスを考えていかなければならない。

図表12は総合職採用における男女の割合を示している。

この総合職の採用の男女比率についてみてみると、極めて顕著な傾向を示している。企業内で配置転換が頻繁に行われ、多様な職務経験を積める可能性のある総合職として採用される割合は、男性が約8割に対して女性は約2割に止まっている。企業で将来管理職になるために必要な経験と教育・訓練はこの総合職に採用された人に多く施される。その結果、採用数の多い男性が管理職になれる可能性が高くなる。女性総合職の採用割合が低いことが女性管理職の割合が低い要因の一つといえる。

男女雇用機会均等法施行以降、総合職として採用された女性の中には、男性と同様に異動し、多様な業務付与もされたが、自分が進むべき方向性につ

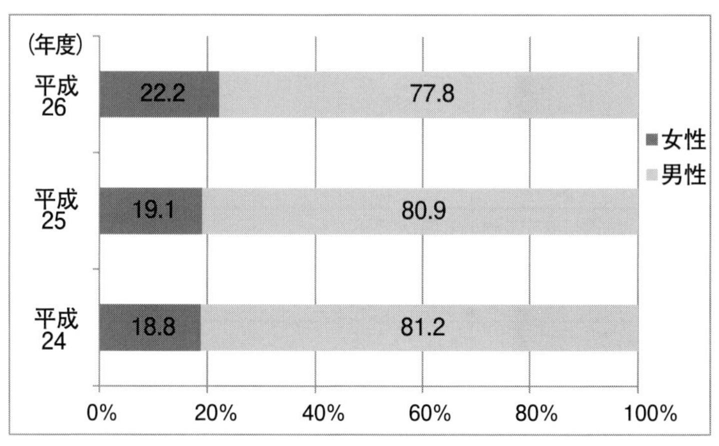

図表 12　　総合職採用の男女の割合

出所：厚生労働省（2015c）「平成 26 年度コース別雇用管理制度の実施・指導状況」，p.2 図 1。

いてのキャリアパスを示されなかった。加えてライフイベントを考慮したロールモデルがないままで配置転換や長時間労働を強いられたことから、途中でリタイアするケースも多くあった。さらに本来の総合職としてラインの管理職に登用されなく、スタッフとして部下のいない管理職になるなど本来の意味での自己実現を実感できない実態があった。

図表 13 は、一般職採用における男女の割合を示している。

この一般職で採用される割合は女性が約 8 割、男性約 2 割と総合職とは正反対の割合となっている。一般職の場合には、配置転換が限定され、遠隔地への異動がなく両立支援には向いているが、昇進も期待できない体系となっている。この総合職と一般職の採用割合の差が日本における雇用分野における男女格差の一因となっている。

この男女差について、一方的に企業のみが悪いということはできない点にも注意が必要となる。つまり日本における性的役割分業意識によって、女性自身が一般職での採用を希望することが少なくないからである。また建設業の現場業務のように、企業の業態や職種によっても女性自身が応募してこない場合も多い。

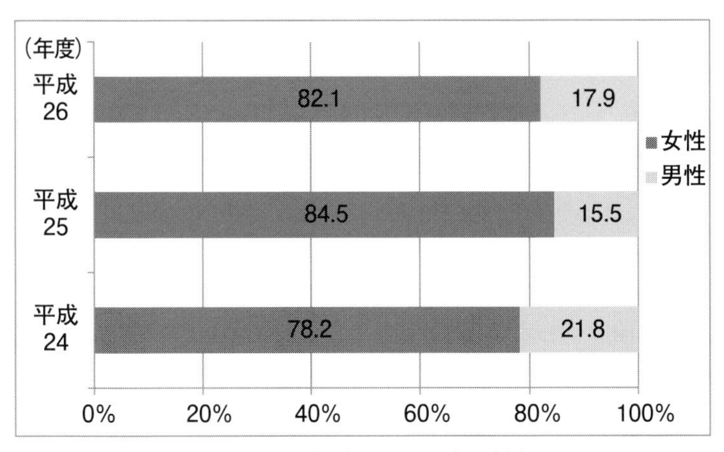

図表13　一般職採用の男女の割合
出所：厚生労働省（2015c）「平成26年度コース別雇用管理制度の実施・指導状況」，p.2 図1。

正規労働者の採用に関して、従来は採用区分を設定して将来男女の処遇差を肯定しようという考え方があった。しかし、今後は性別による差を肯定するために総合職と一般職に分けるというコース別雇用管理を設定する行動は慎むようにしなければならない[9]。櫻木（2006）によれば、男女雇用機会均等法の改正以来、直接に女性であることを理由とした差別は違法であるとの認識は広まってきたが、コース別雇用管理のように実質的に男女別の雇用管理として機能している事例もあるとしている[10]。このような間接差別が企業内での女性活躍推進を阻害する要因となっている。

採用に関してもうひとつ気をつけるべき事項は、両立支援の制度が整備できている企業で顕在化しつつある課題に対する対応方法についてである。両立支援制度が整備されている企業では、制度利用がほぼ女性に限られている

---

[9] コース別雇用管理とは将来出世する総合職と出世しない一般職に分けるというものである。

[10] 櫻木（2006）『女性の仕事環境とキャリア形成』，p.14。

ために一定の職務に短時間勤務の女性が集中する現象[11]が起きている。これによって両立支援制度がマイナスであると考える経営者が出現する可能性を秘めている。武石（2006）も両立支援が採用にマイナスの影響を及ぼすことがあるということを先行研究や自身の分析結果から導き出している。つまり両立支援策を女性が主として利用することによって女性の採用についてネガティブな意識が醸成される可能性があるとしている[12]。単に制度を導入するのみではなく、全社的視点による要員の最適配置や業務内容の変更、勤務時間の弾力化といった総合的な施策を実行しなければならない。

図表14は、企業内で男女の割合が不均衡になっている職種を示している。人事・総務・経理部門に女性が多く、研究・開発・設計、生産の技術系の部門に女性が少ない実態となっている。技術系の学科を卒業する女性が少ないことを考えると仕方のない一面はあるが、理工系を目指す女性をさらに多くしていくために、企業として理工系の女子学生が活躍できる場を創らなければならない。また、男性に偏在する割合の多い営業については、技術系の職種

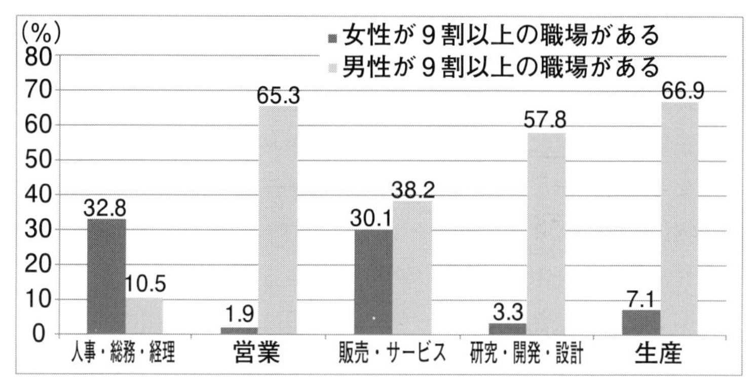

図表14　職種別の男女偏在状況
出所：労働政策研究・研修機構（2015a）「採用・配置・昇進とポジティブ・アクションに関する調査結果」, p.45をもとに筆者作成。

---

[11] 例えば、女性を初期配属としては男性同様に朝早いシフト勤務に配属するが、育児期に入ると保育園の送迎で当該業務ができなくなり、昼間中心の業務に多くの女性を配属しなければならなくなる。

[12] 武石（2006）『雇用システムと女性のキャリア』, p.108。

と異なり文系の女性学生で十分従事できる業務であることを考慮し、この職種のあり方についても十分な検討が必要となる。

企業の経営者や管理職は、日本の今後の少子高齢化の進展による労働力人口の減少、消費者の嗜好の多様化に伴う新商品の開発、女性の高学歴化に伴うワークキャリアの実現、といった社会の構造変化に対応した女性活躍推進の場の一層の拡大が急務となっていることを十分理解しなければならない。

採用に関しては、非正規労働者の課題についても認識すべきことがある。日本の雇用者のうち約4割は非正規労働者となっており、この多くが女性労働者で占められている。企業への帰属意識を醸成し、高い自己実現意欲を持って業務に邁進してもらうためには正規労働者として雇用していくことを検討すべきである。しかし、現状の企業における人材ポートフォリオを考えると全員正規労働者として活用することは現実的ではないことも理解できる。現行の雇用形態別に女性の活躍推進策を立案して計画的に実施することが望まれる。

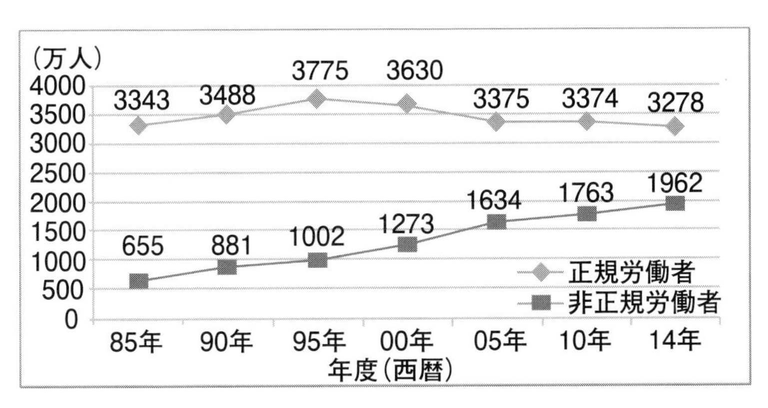

図表15　正規労働者と非正規労働者の数
出所：総務省「労働力調査（特別調査）」・「労働力調査（詳細結果年平均）長期時系列」，表10をもとに筆者加工。

（2）勤続年数

ア．就業継続

厚生労働省の最新の調査では、男性の平均勤続年数は13.5年で女性の9.3

年と約 4 年の差がある[13]。勤続年数は就業継続を考える上では重要な要素である。男性でも女性でも自己実現を夢みて入社した企業で適性が合わない場合には再スタートに向けて他社に移るという行動を起こすことになる。

男女の退職行動として、男性の場合にすでに扶養家族がいるときには退職を思い止まることが想定される。一方で女性は、結婚する時に双方の勤務地が遠隔地の場合に女性の方が退職を選択する傾向がある。加えて社会全体の中にある性的役割分業意識によって退職を選択する場合もある。この点を考慮した十分な分析を企業としては行わなければならない。

後述する行動計画策定にあたっては、出産、育児期のライフイベントを上手く通過させる両立支援策、職場の意識改革、キャリアパス設定などの施策を重点的に検討していく必要がある。なお、両立支援策は単に休職制度、短時間勤務制度などを創設・充実するということを意味するのではなく、業務付与、異動・配置、能力開発といった業務運営全般について考えなければならない。

2013 年の日本における女性の就業率 は 62.4％と欧米先進諸国に比べてアメリカ、フランスを除き約 5 ～ 10 ポイント程度低くなっている。

統計的にはアメリカ、フランスとほぼ同じで、その他の国と比べても大き

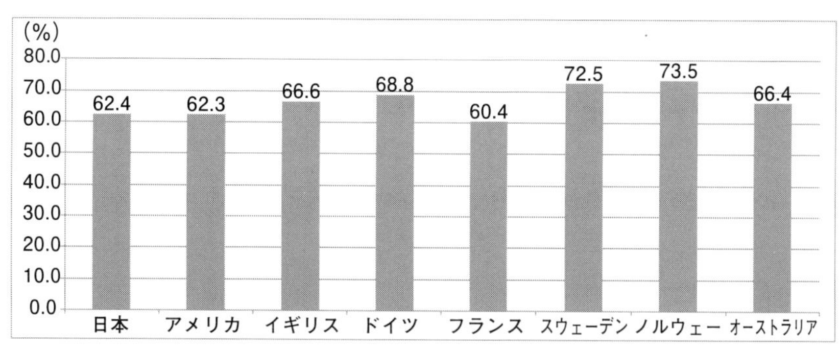

図表 16　女性の就業率の国際比較（2013 年）

出所：労働政策研究・研修機構（2015b）「データブック国際労働比較（2015 年版）」, p.77 を筆者加工。

13 厚生労働省（2015d）「平成 26 年賃金構造基本統計調査の概況」, p.26。

な差はないように思える。しかしながら、その実態をみてみると結婚、出産によって一度退職した女性が再就職する際に、その多くが非正規、賃金格差、非キャリアアップなど人が働き、自己の目標を持ち、安定した雇用を確保するという労働の根幹となる部分で問題を抱えながら就業している。

女性が最初に就職した企業で就業継続できるか否かは、その企業の制度や意識、家庭内での家事･育児の共同度合、社会の意識や地域特性といった様々な事情によって左右される。

図表 17 は、結婚・出産時の年代毎の女性の就業継続の割合を示している。結婚前後の就業継続率は、1985 ～ 89 年の 60.3 % から 2005 ～ 09 年で 70.5%と 20 年間で 10 ポイントしか改善されていない。

第一子出産前後、第二子出産前後、第三子出産前後の数値は全く改善されておらず、むしろ減少している。男女雇用機会均等法、育児・介護休業法が施行されてから長い年月が経過している現在でも第一子出産で未だ 60%以上の女性が退職している。数値的には第二子、第三子出産後の就業継続割合も減少しているが、第一子出産時点のように大きく絞られてはいない。第一子出産を上手く通過できる企業の制度や家庭環境が整備されていると、第二子出産以降も就業が継続できると想定できる。

女性の就業継続を考える上で知っておくべきことは、通常M字カーブといわれる女性の労働力人口に対する就業者の割合についてである。実務編図表 3 は、日本の女性の年齢階層別労働力率である。このカーブをみてみると結婚、出産期で谷になっている。谷の深さは近年浅くなってきているが、これは女

結婚年／出産年	結婚前後	第一子出産前後	第二子出産前後	第三子出産前後
1985 ～ 89 年	60.3%	39.0%	－	－
1990 ～ 94 年	62.3%	39.3%	81.9%	84.3%
1995 ～ 99 年	65.1%	38.1%	76.8%	78.1%
2000 ～ 04 年	70.9%	39.8%	79.4%	78.4%
2005 ～ 09 年	70.5%	38.0%	72.8%	82.9%

図表 17　結婚・出産前後の妻の就業継続割合

出所：国立社会保障・人口問題研究所「第１４回出生動向基本調査」, p.14
(表 5-1：結婚・出産前後の妻の就業継続割合、および育児休業を利用した就業継続割合）を筆者加工。

性の高学歴化、晩婚化によるもので、退職する女性の割合が大幅に改善してきている訳ではない。また、その後労働力率が上昇してきているが、これは子育てに忙しい時期を過ぎた女性が再就職をすることによるものである。しかし、その多くは非正規労働者としてしか戻ることができない状況にある。

この労働力率は地域特性によっても異なる。櫻木（2006）は、就業継続と地域との関係に触れ、奈良、神奈川、大阪、兵庫、千葉など政令指定都市を抱え人口が密集している都市部でM字カーブの谷が深く、通勤時間が長い傾向があること、女性有業率の高い地域では通勤時間が短いことを指摘している[14]。通勤時間の他に子の世話をしてくれる祖父母との同居や近傍に居住することも女性の就業継続を容易にする要因となっている。この点について、福田（2007）も親との同居は女性の家事・育児時間を30分程度減少させる効果をもつとしている[15]。つまり、女性の就業継続のためには、育児支援の環境整備が重要であることを物語っている。

図表18の結婚で退職した女性の理由をみてみると、①のもともと結婚で退職するつもりだったが38.72%とトップになっている。これが、日本の社

	第一理由	第二理由	第三理由	計
①もともと結婚で退職するつもりだった	38.72%	12.12%	8.08%	58.92%
②結婚後も働き続けたいほどの仕事ではなかった	6.73%	14.14%	17.85%	38.72%
③家事と仕事の両立は時間的・体力的に難しかった	11.78%	26.26%	21.55%	59.59%
④女性は結婚で退職するものという職場の雰囲気だった	7.41%	7.41%	5.39%	20.21%
⑤妻が家にいて家事をすることを夫や家族が望んだ	10.10%	14.48%	9.76%	34.34%
⑥結婚のため別の地域に引っ越さなければならなかった	16.16%	8.08%	4.04%	28.28%

図表18　結婚で退職した女性の理由

出所：労働政策研究・研修機構（2000）「女性の職業・キャリア意識と就業行動に関する研究」, 表2-13結婚で退職した理由を筆者加工。

[14] 櫻木（2006）『女性の仕事環境とキャリア形成』, p.20。

[15] 福田（2007）「ライフコースにおける家事・育児遂行時間の変化とその要因」, p.31。

会的な意識の問題であると考えられる。この意識をそのまま企業経営に引きずっていることが、企業内における女性活躍の推進、職場活性化を阻害する要因となっている。

共働き世帯は1997年に全世帯の半数を超えて以降増加しており、近年一般化しつつある。夫婦の労働時間が同じで、子の養育を分担できる状況であれば、後は夫婦間の意識の問題となり企業としては立ち入る部分ではない。しかし現実には、夫の労働時間が軽減されないことから、妻が仕事をしながら家事を一手に負担せざるを得なくなっている。これによって図表１８の③のような状況になると想定される。つまり、企業内での業務負担と家事負担が処理能力を超えると退職を決意すると想定される。一方、夫婦で家事を分担できる場合には、このようなことが起こりにくいか、夫婦共同によって乗り切ることが期待できる。

図表17の第一子出産前後の就業継続率が約4割しかないことは、まさに結婚後の家事の負担に加え育児の負担が発生する際に、その負担の大半を妻が背負っていることを示しているといえる。既婚女性の職場での活躍推進を考える上で、その配偶者たる夫の労働環境の整備をどのようにしていくべきかという視点を経営者は常に持たなければならない。つまり妻が親として全ての責任を背負いながら、妻の労働時間のみを軽減しても本質的な改善にはならないということである。

女性労働問題の改善には女性労働者のキャリアの伸長、すなわちストレッチな目標を持って仕事にチャレンジし、それに関連する知識を習得する時間の確保と本人の意欲が必要となるからである。仕事を通じて自己実現を図ることが、職業人として社会に貢献することであり、その喜びによって高いモチベーションを維持できるようになる。

就業を続けるか、退職して子供の世話に専念するかは女性自身の価値観であり、どちらが良い、悪いということはない。しかし、退職した場合にそれによって失う所得と再就職後のキャリアについて十分理解しておかなければならない。このことを上司や人事担当箇所は女性労働者に対して周知することも必要となる。

イ．就業中断による収入

就業を中断することにより失う収入は大きい。図表19は出産退職に伴って失う収入を想定したものである。大学を卒業して就職した会社で育児休業を取得しないで就業を続けた場合には、退職金を含めて2億7,645万円の収入となる。育児休業を取得しても就業継続できればほぼ変わらない生涯賃金となる。しかし、出産して退職した場合には、その後正規労働者として再就職できても生涯賃金は1億7,709万円と育児休業を取得しないで就業を継続した場合の約65％に止まる。正規労働者として再就職することが難しい現状を考えるとパート・アルバイトとして就業することが十分想定できる。その場合には就業を継続した場合の約18％、4,913万円にまで減少してしまうことになる。

妻が育児に専念することにより、夫がその逸失する約82％の収入を獲得することはできない。企業は、女性の自己実現に合わせてこの収入の逸失に

		大卒平均
就業を継続した場合	給　与	25,377万円
	退職金	2,269万円
	合　計	27,645万円
育児休業を取得して働き続けた場合	給　与	23,503万円
	退職金	2,234万円
	合　計	25,737万円
	逸失率	6.9%
出産退職後子どもが6歳で再就職した場合	給　与	16,703万円
	退職金	1,006万円
	合　計	17,709万円
	逸失率	35.9%
出産退職後パート・アルバイトとして子どもが6歳で再就職した場合	給　与	4,827万円
	退職金	86万円
	合　計	4,913万円
	逸失率	82.2%

図表19　出産・育児による収入想定

出所：内閣府(2005)「平成17年版国民経済白書」，第3-1-24図　機会費用の推計結果。

関する事項もライフプランセミナー等で労働者全員に周知しておくべきである。

ウ．ワーク・ライフ・バランス

ワーク・ライフ・バランスとは、「国民一人ひとりがやりがいや充実感を感じながら働き、仕事上の責任を果たすとともに、家庭や地域生活などにおいても、子育て期、中高年期といった人生の各段階に応じて多様な生き方が選択・実現できる社会」とされている[16]。具体的には①就業による経済的自立が可能な社会、②健康で豊かな生活のための時間が確保できる社会、③多様な働き方・生き方が選択できる社会、となっている。

企業としては、学校を卒業し入社した自社の労働者が社会の一員として性別に関係なく仕事と生活の調和を図り、子育て期はもちろん入社から定年退職までの全てのステージで仕事を通じて知識を取得し、キャリアを積み、地域と関わりあい、家族と共に笑顔で暮らすことができる職場環境を整備することだと考えるべきである。

しかしながら、ワーク・ライフ・バランスという表現から、まだ子育て期の女性労働者が育児に専念できるようにすることだと考えている企業も多い。日本におけるワーク・ライフ・バランスは、「ファミリー・フレンドリー」[17]から始まった経緯もあり、どうしても子育て期の女性労働者の福利厚生施策という考え方は否めないが、今後、子育て期の女性以外の層への積極的な拡大を考えていかなければならない。

特に妻のいる男性労働者に対するワーク・ライフ・バランス施策を行うことにより、家庭内の家事･育児の平準化、共同化が図られ、女性労働者のキャリアアップを実現することが可能となる。両親が同じレベルでワーク・ライフ・バランスを実現できなければ女性の就業継続は実現しない。この点を企業経営者と中間管理職、職場の同僚は十分理解しなければならない。配偶者のいる男性労働者に対するワーク・ライフ・バランス施策を実現できなければ、

---

[16] 内閣府「仕事と生活の調和（ワーク・ライフ・バランス）憲章」, p. ３。

[17] ファミリー・フレンドリーとは、仕事と育児・介護とが両立できるような様々な制度を持ち、多様でかつ柔軟な働き方を労働者が選択できるような取り組みをいう。

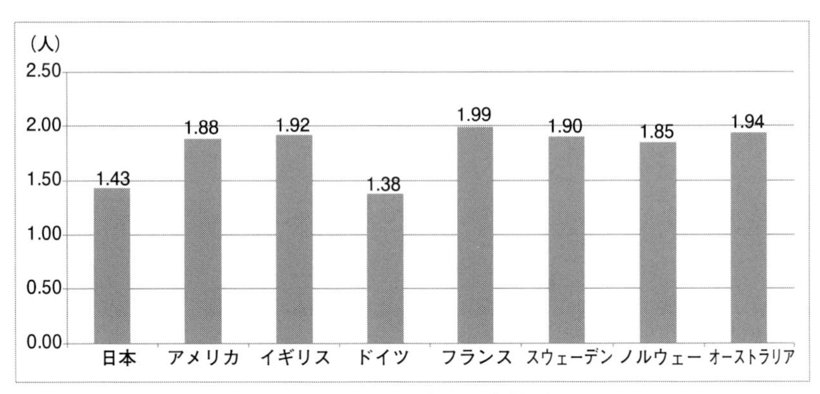

図表 20　出生率の国際比較

出所：国立社会保障・人口問題研究所「人口統計資料集（2015)」，表 4-6 を筆者加工。

日本の出生率の改善も期待できないと思われる。図表 20 に示すとおり、現在日本の出生率は 1.43 となっている。

1989 年に合計特殊出生率が 1966 年の丙午年の 1.58 を割り込み、1.57 になった通称「1.57 ショック」により社会全体としては少子化の懸念を強く認識するようになり、1991 年に育児休業法が成立した。少子化の進展に伴い、子育てを夫婦や家庭だけの問題と捉えるのではなく、国や地方公共団体をはじめ、企業・職場や地域社会も含めた社会全体で子育てを支援していくことをねらいとし、1994 年に「エンゼルプラン」が策定された。さらに、1999 年、少子化対策推進基本方針が決定された。これを受けて仕事と子育ての両立の負担感を緩和・除去し、安心して子育てができるような様々な環境整備を進め、家庭や子育てに夢や希望を持つことができるような社会を目指し、「新エンゼルプラン」[18] が策定された。

さらに、エンゼルプランを後見的に支援していくために、1999 年「男女共同参画社会基本法」[19]、2003 年に「次世代育成支援対策推進法」[20] が制定され、男女の平等、子育ての夫婦共同、地域社会の支援、行政の支援責任の明確化、企業のワーク・ライフ・バランスの実行責任が明確にされた。企業

[18] 重点的に推進すべき少子化対策の具体的実施計画のこと。

の社会的責任を全うするための施策を企業自身で考え、実践していくことが求められている。

欧米先進諸国ではワーク・ライフ・バランスが進展することにより、子供を持つ親に対する支援が進み、女性の社会進出が促進されていった。加えて出生率も増加し、将来、その国を支える人的、財政的基盤が整備されてきている。

（３）労働時間

日本の労働者の労働時間が長いことはよく知られている。図表 21 に示すとおり日本の一人当たり平均の年間総労働時間は、2013 年で 1,735 時間となっている。一見するとアメリカ、イギリス、オーストラリアに遜色が無いように見える。しかし、日本は非正規労働者の割合が多く、非正規労働者の労働時間の短い層の影響で低い値となっている。正規労働者の労働時間はかなり高い水準であるといわれている。特に男性正規労働者の労働時間が長いことが、家事・育児を妻が負担しなければならない要因となっている。男性

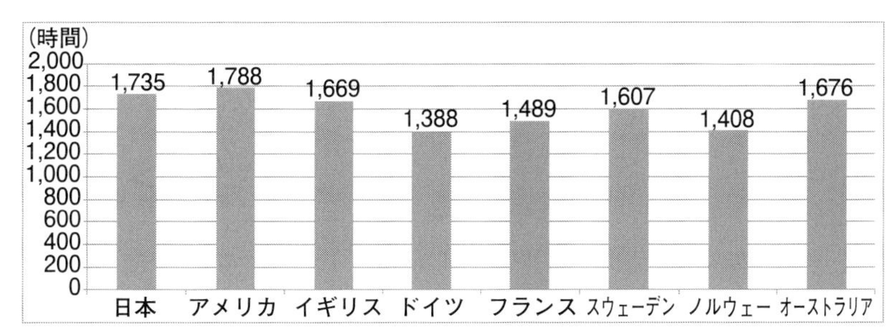

図表 21　一人当たり平均年間総実労働時間（2013 年）
出所：労働政策研究・研修機構（2015b）「データブック国際労働比較（2015 年版）」, p.199 を筆者加工。

[19] 男女の人権が尊重され、かつ、社会経済情勢の変化に対応できる豊かで活力ある社会を実現するため、男女共同参画社会の形成を総合的かつ計画的に推進することを目的としている。

[20] 急速な少子化の進行並びに家庭及び地域を取り巻く環境の変化に対応するため事業主の行動計画の策定その他の次世代育成支援対策を推進するために必要な事項を定めることにより、次世代育成支援対策を迅速かつ重点的に推進することを目的としている。

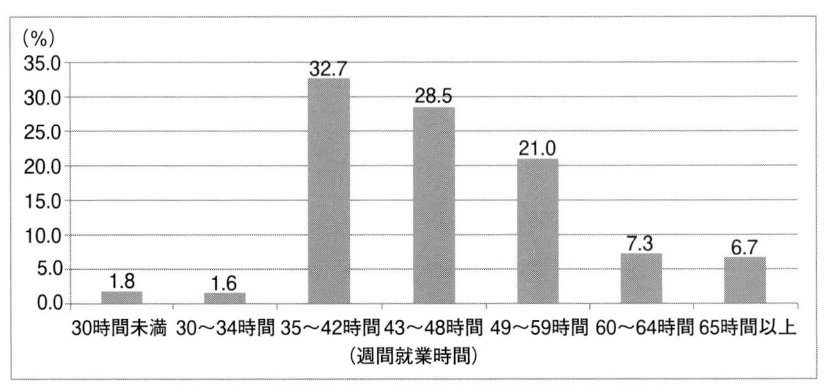

図表 22　正規職員・従業員の週間就業時間の割合
出所：総務省（2013）「平成 24 年度就業構造基本調査」，p.31 を筆者加工。

の労働時間の長さが女性の就業継続に負の要因となっていることを認識しておかなければならない。

図表 22 は、日本の正規職員・従業員の週間就業時間の割合を示している。例えば、週 40 時間の就業時間を単純に年間に換算するため 52.14 倍[21]すると 2,086 時間となる。単純に掛け算した数値が実際の年間の実労働時間ということはできないが、多くの正規労働者の労働時間が長いことを示している。

企業として自社の労働時間の分析をする場合に出産・育児期の女性に焦点を当てるだけではなく、男女を問わず全ての階層に対して分析を行い、それが男性、女性の就業継続にいかに関係しているかを考えなければならない。

（4）管理職登用

ア．現状

日本の女性の管理職の割合は全体で 11.2%と極めて少ない[22]。管理職の割合を階層毎にみてみると図表 23 のようになっている。

企業組織の中核的役割を担う課長相当職の割合は平成 25 年度でわずか 6% である。課長職に登用する前段の係長相当職も 12.7% と極めて少ない数値を示している。

---

[21] 365 日を 1 週（7 日）で割ると 52.14 週となる。

[22] 労働政策研究・研修機構（2015b）「データブック国際労働比較（2015 年版）」，p.89。

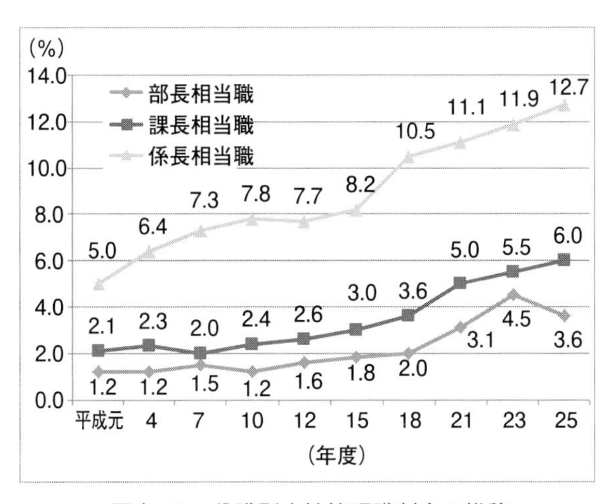

図表 23　役職別女性管理職割合の推移
出所：厚生労働省（2015b）「「平成 25 年度雇用均等基本調査」の概況」，p.2 を筆者加工。

課長職に登用しようとしてもその手前の係長職に女性がいないという話をよく聞く。まさに日本の女性管理職登用における最大の問題である。係長には成れないが、その下位層の主任には女性が多く存在する企業もある。現在は女性の高学齢化によって、主任くらいまでは男性と同様に登用されるようにはなってきている。この主任層から係長に登用するために何が必要で、なぜ昇進できないかという阻害要因の分析を急がなければならない。

日本の女性管理職の割合については、実務編図表２で示すとおりとなっている。欧米先進諸国の女性管理職率とは比較にならないほど乖離している。日本と同じような社会的意識を有するといわれていたドイツでも 30％を目前にしている。

図表 24 は日本経済団体連合会に加盟する大手企業の女性管理職の割合である。日本経済団体連合会の会員企業においては、女性管理職の割合が 5％に満たない企業が７割以上という結果になっている 。厚生労働省の調査でも企業規模が大きくなるほど女性管理職の割合が低い傾向があるとしている [23]。

[23] 厚生労働省（2014a）「平成 25 年度雇用均等基本調査（確報）」，p.2。

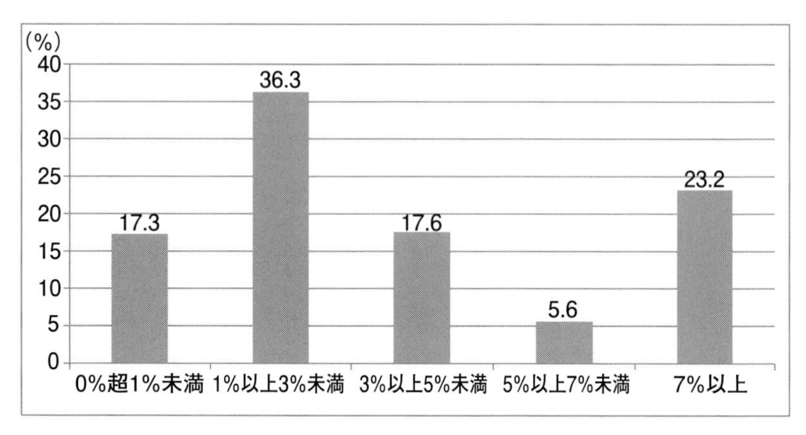

図表 24　日本経団連加盟企業の女性管理職割合

出所：日本経済団体連合会（2013）「女性活躍支援・推進等に関する追加調査結果」, p.4。

企業で管理職に成れるか否かの差は賃金の格差に直結することになる。男性と女性の賃金格差は、平成 26 年賃金構造基本統計調査による単純集計で 27.8％あるとされている [24]。女性の短い勤続年数と管理職への登用の低さが男女間の賃金格差に大きくかかわっていると想定されている 。

管理職に成るためには、高い業績を上げることと、マネジメント能力が必要となる。企業内でどれだけの業務能力を身につけていけるかは、それまでの配置や業務経験、教育や訓練投資によることは容易に想定できる。つまり、より多くの実務経験を積んだ人ほど、そしてより多くの教育を受けた人ほど管理職登用で有利になる。

男女間の賃金格差の原因を考えるということは、最終的には実務経験、教育や訓練といった人的資本投資量になぜ男女差が生じるかを考えることである。冨田（2008）は、ポジティブ・アクションに取り組んでいない企業に比べて、1999 年以前から取り組んでいる企業は課長以上に女性管理職がいる割合が高いこと、女性の平均勤続年数が長い企業ほど、女性管理職がいる確率が高くなることを明らかにしている [25]。武石（2006）も男女間の賃金格

[24] 厚生労働省（2015d）「平成 26 年賃金構造基本統計調査の概況」, p.5。

[25] 冨田（2008）「職場における男女平等」, pp.144-155。

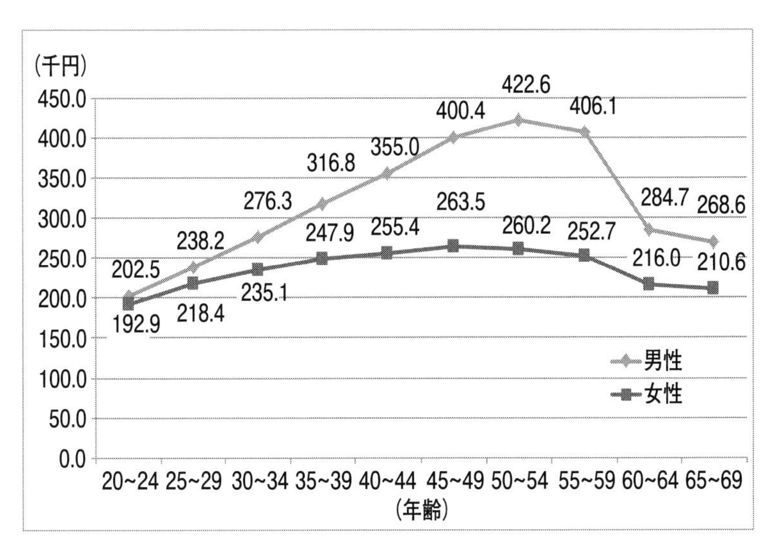

図表25　男女の賃金比較
出所：厚生労働省（2015d）「平成26年賃金構造基本統計調査の概況」，p.5。

差の要因分析で、最も大きな要因は男女間の職階、すなわち昇進における男女差であるとしている[26]。

女性管理職が少ない理由について、半数以上の企業が「現時点では、必要な知識や経験、判断能力等を有する女性がいないため」としている[27]。この状況が女性労働者の育成のあり方に課題があることを示しており、結果として男女間の賃金格差を生んでいる原因と想定できる。

男性と女性の平均賃金は、平成26年の厚生労働省の賃金構造基本統計調査による単純集計で男性が月額329,600円に対して女性が月額238,000円と大きく開いている[28]。武石（2006）は、両立支援策によって女性の勤続が伸び、同時に均等施策を充実させることで女性の役職登用が進むことを指摘

26　武石（2006）『雇用システムと女性のキャリア』，p.43。

27　厚生労働省（2014a）「平成25年度雇用均等基本調査（確報）」，p.4。

28　厚生労働省（2015d）「平成26年賃金構造基本統計調査の概況」，p.5。

している[29]。女性の能力開発に重点をおいた実効的な施策が求められる。

イ．キャリア形成支援

法整備や各種の政策によっても結婚や出産で退職する女性の割合は大きく変化していない。企業経営者や管理職の多くを占める男性の考え方のみならず女性を含めた社会全体の性的役割分業意識と、女性に課せられた家事・育児の負担によるものが大きいと考えられる。この意識によって、女性に十分な業務経験や教育訓練をさせるという人的投資に積極的な考え方が生まれにくくなってきた。それによって女性の労働意欲、スキルアップ意欲が低下する。さらに女性労働者への人的投資を控える行動に出るという負のスパイラルに陥ってしまっていた。これが女性労働者のキャリアアップに大きく影響している。

女性は、入社初期は意欲が高く、企業に対する期待も大きいが一定の期間を過ぎると期待感が低下したり、モチベーションが低下することがあるといわれている。女性が企業に対して期待感を抱く大きな要素は、いかに責任のある仕事を任せてもらえるかである。入社して男性と同じような仕事を担当している女性に対して、数年が経過して一人で責任を持たせた業務を与えるか否かと悩む上司も多い。ここが、第一の分岐点となっている。この第一の分岐点での上司の意識によって女性労働者の将来のキャリアが大きく左右される。

男性には、当然の如く担当させるクレーム対応、汚れ仕事に女性を担当させないことがある。この業務分担によって企業内で能力を伸長させることができる重要な時期にキャリアが停滞してしまうことが想定される。

女性労働者が自社に対して好感度を持つ上位の項目は、「女性を登用するビジョンを掲げている」、「業績評価や昇給に関して男女差がない」、「女性のロールモデルがある」、「経営者の職場改善への努力が見える」となっている[30]。女性は企業にとって十分以上能力を発揮する戦力であるという認識を持たないまま、様々な業務経験をさせない、十分な研修機会の付与と育成をしてこ

[29] 武石（2006）『雇用システムと女性のキャリア』，p.107。

[30] 金谷(2003)『企業を変える女性のキャリア・マネージメント』，p.25。

なかった結果が、管理職率の低さ、賃金格差につながっていると想定される。

企業の維持・発展には、自組織に対して信頼感と忠誠心を持ち自己の能力を伸長させ、常に創造性を持って業務に邁進する人材を育成していくことが人的資源管理上重要である。図表 18 ②の「結婚後も働き続けたいほどの仕事ではなかった」については、まさにこれに関係する課題である。特に近年は、経済・社会構造が大きく変化している。国際競争の激化、急速な事業展開、短期間での嗜好変化に対応した顧客戦略など極めて早い速度での経営戦略の立案と実践が求められている。このような様々な変化に対応するためには、従来の業務運営方法に固執しないイノベーションを起こせる人材の育成と、経営戦略に沿った人的資源の最適なポートフォリオの確立が必要不可欠となっている。

経営者や管理職は、前述した男性に対して当然の如く担当させる業務を分担させる入社数年間経過後の第一の分岐点で、性別をキーにせず女性の将来を十分考慮して、能力や経験、特性を見極めて、必要な業務経験をさせなければならない。

将来中核的な人材に育成していくためには、入社後の基礎期を過ぎた時期に大量の人的資本投下を行うことが最も効果的であると考えられる。人的資本投下量の不足が、女性管理職率の低さにつながっている。大量の人的資本投下によって係長相当職・課長相当職階層への登用に向けた改善が期待できる。

国は平成 22 年 12 月 17 日に「第 3 次男女共同参画基本計画」を閣議決定し、「民間企業の課長相当職以上に 10％程度女性を登用すること」を平成 27 年までの目標としていた[31]。

女性の管理職登用には、女性労働者の能力向上を図る必要がある。そのためには実態を踏まえた人材育成プログラムを策定して着実に実践しなければならない。櫻木（2006）によれば、キャリア形成支援の企業の課題として、①女性の能力や適性に対する誤解や偏見、②女性の意欲を失わせる職場環境、③ライフサイクルや家庭生活の状況に合致しない労働条件、④キャリアパス

[31] 内閣府（2010）「第 3 次男女共同参画基本計画」第一分野，p.3。

が提示されない、⑤ロールモデルおよびキャリアモデルの不在、⑥能力や業績評価基準があいまい。⑦ダイバーシティ（多様性）への無理解・抵抗、⑧個人の意思や希望を尊重しない仕組み、⑨経営幹部のビジョンおよびリーダーシップの欠如、などが挙げられている[32]。

さらに、現代経営においては、非正規も含めて全ての労働者の能力開発が求められる。女性の多くが非正規労働者であるという現状を踏まえれば、非正規の女性労働者の能力開発も積極的に図らなければならない。この点、櫻木（2006）も企業内教育において非正規従業員と正労働者の教育訓練機会の格差を指摘している[33]。

今回制定された女性活躍推進法によって実施しなければならない状況把握、課題分析の際に、前記櫻木（2006）のキャリア形成支援の企業の課題を参考にしながら検討していかなければならない。

ウ．出産・育児期の教育・訓練

企業の維持・発展に貢献できる人材を育成するためには、業務知識の習得と多様な業務経験が必要となる。組織の中核的な人材を育成するためには、20歳代後半から30歳代前半までの入社後の基礎期を過ぎた時期に大量の人的資本投下を行うことが最も効果的であると考えられる。

しかし、女性のライフイベントの中心となる出産・育児期が、まさにこの最も効果的な時期に到来する。脆弱な保育行政と性別役割分業意識によって、多くの女性労働者が仕事と家事・育児の両方の責任を担いながら働かざるを得ない状況となっている。このことがキャリアアップの大きな障害となっている。

育児を考慮した配置や業務分担を考える場合に、過度の配慮による業務軽減はキャリアアップの障害やモチベーションの低下を招く可能性がある。この時期の女性労働者には単に研修機会を付与するとか、OJTと称して業務経験をさせるのみでは人材育成の本来の趣旨とは逆の効果になることが十分予想される。そこで、この時期の女性労働者には、どのような教育・訓練・業務経験をどのタイミングで付与していくかを十分検討しなければならない。

---

[32] 櫻木（2006）『女性の仕事環境とキャリア形成』，p.66。

[33] 櫻木（2006）『女性の仕事環境とキャリア形成』，p.16。

具体的には、職場の中核メンバーや人事部門と十分な検討･調整を行い、個々人の状況を考慮しながら育成方針を決定して、着実に進めていかなければならない。

特に能力伸長のスピードについては、育児をしている状況を十分考慮し拙速にならないようにすること、将来中核的人材となったときに柔軟な思考を持てるような素養を身に付けさせることに重点をおいた育成が必要と考えられる。

子の養育環境が整っていて産後の休業のみで復帰する、または短い育児休職期間で復帰できる女性については、その環境を活用した育成計画が立案できる。夫の勤務に柔軟性があったり、祖父母が子の面倒をみれるような場合には夫や祖父母の状況を考慮し、事前に日程を確定すれば、他の労働者と同様の教育・訓練を行うことができることになる。

一方で育児休職を最長期間取得した場合には、休職制度を十分活用しようという場合と保育環境の問題で最大の期間利用しなければならない場合がある。特に保育所が定まっていない状態で、祖父母にも頼れず、夫も忙しいという状況で復帰してきた女性の能力向上については十分熟考した育成プログラムが必要となる。佐藤・武石（2014）も育児休職から復帰し、短時間勤務や所定外労働の免除で時間制約の下で働いている女性労働者の「活躍」には、主に「仕事の配分」、「目標設定・評価」、「キャリア形成支援」に課題があると述べている[34]。さらに、三菱UFJリサーチ&コンサルティングが実施した調査結果から、育児休業や短時間勤務利用者が増加する中で、中長期的なキャリア形成への影響を把握していない企業が多いこと、キャリアプランやキャリア形成支援の見直し、両立支援策、能力発揮や役職登用など、女性の就業継続や将来に向かっての能力開発に積極的な企業が少ないことを指摘している[35]。

女性の活躍推進には、出産、育児期のキャリア形成支援が極めて重要となる。

---

[34] 佐藤・武石（2014）『ワーク・ライフ・バランス支援の課題　人材多様化時代における企業対応』，p.71。

[35] 佐藤・武石（2014）『ワーク・ライフ・バランス支援の課題　人材多様化時代における企業対応』，pp.74-80。

4　行動計画の策定

行動計画の策定にあたっては、自社の状況把握、課題分析結果を踏まえ（1）計画期間、（2）数値目標、（3）取組内容、（4）取組の実施時期を盛り込まなければならない。

（1）計画期間

行動計画を策定する期間は、平成28年から平成37年までの10年間である。計画期間設定にあたっては、実施内容を逐次検証しながら適宜改定することが望まれる。このことから、2～3年の短期の目標、5年程度の中期の目標、10年という長期の目標に分けて内容を検討していくことが必要となる。

最終的に公表するかしないかに関わらず通常の経営戦略同様に自社の人財活用の中長期の計画を掲げ、役員会で意思決定し、その内容を各組織に徹底しておかなければならない。策定した計画は、その目標達成に向けて年度の業務計画によって着実に実施していく必要がある。

なお、最終的に公表した目標については、経営計画としての的確な管理が求められる。

（2）数値目標

数値目標は、状況把握、課題分析によって、自社の女性活躍推進の障害となっている項目の改善を戦略的に実施していくべき事項について設定していく。目標は、具体的数値を設定して社内の各部門長に指示すると共に、対外的に公表して、その実行を各ステークホルダーに約束していくものである。

法的に公表しなければならない数値目標は1つ以上となっている。最終的にどの数値を公表していくかは経営としての意思決定となる。女性の活躍推進の状況が良くない企業については、多くの角度から推進策を策定して、社内的には各項目の目標に向かって努力していく必要がある。数値目標の例として厚生労働省のホームページに次のような作成例が記載されているので、それを参考にして作成することが好ましいと考えられる[36]。

36　厚生労働省「一般事業主行動計画を策定しましょう！！」, p.16。

・採用者に占める女性比率を○％以上とする。
・営業職で働く女性の人数を○人以上とする。
・男女の勤続年数の差を○年以下とする。
・従業員全体の残業時間を月平均○時間以内とする。
・管理職に占める女性比率を○％とする。
・課長級／部長級／役員に占める女性比率を○％以上とする。
・非正社員のキャリアアップに向けた研修の受講率を男女ともに○％以上とする。
・女性の選抜研修等の受講人数を男性と同水準の○人以上とする。
・女性の人事評価結果の平均値を男性と同水準の○ポイント以上とする。

となっている。

前記の項目について、実行可能性の高いものを公表し、実行性が少ないものは公表しないとしても組織目標として着実に実行していくことが望まれる。

（３）取組内容

取組内容は、状況把握、課題分析の結果から自社で積極的に取り組む必要があると判断された項目について具体的実施事項を立案していく。

この中で、前述（２）の数値目標として設定した項目については、その目標値を達成していくためのプロセスが重要となる。進捗管理については、通常の経営計画の目標と同様な管理方法によって行う必要がある。具体的には各組織で目標を設定して、それを実現するために経営管理サイクルでのＰＤＣＡ[37]が求められる。本取組内容は（４）の実施時期と別々に検討すべき事項ではない。中長期の経営戦略として位置づける以上、具体的な実施時期を定めなければならない。

なお、目標を達成するために注意すべき点は、女性労働者に経験付与や能力開発を行わず下駄をはかせることを考えてはいけないということである。今まで十分な能力開発をしてこなかった女性労働者をいきなりマネジメント

[37] ＰＤＣＡとは企業経営において目標を設定して、その結果を評価しながら経営管理を継続的に実施していくもので、「P は Plan（計画）、D は Do（実行）、C は Check（評価）、A は Action（改善）」の略である。

能力が必要となる役割につかせると、部下の指導や最適な業務運営が行えず、女性労働者自身とその部下に不幸な結果を招くことが想定される。

人的資本投資が不足している女性労働者には、不足する能力を補完する人材育成プログラムを十分に検討していき､本人の能力と適性を踏まえた教育･訓練、異動・配置や役職への登用が求められる。また、女性の活躍推進に目が行き過ぎて、男性労働者に比べて優先的に取扱うと男女雇用機会均等法違反となる。この点への配慮も必要となる。

基本的には、新入社員で入ってくる女性の人材育成、異動・配置、評価などについては全く男性と同じに行う。男性と同様の育成をしてこなかった既入社の女性にはそれを補完する能力開発施策を実行する。育児休職によって途中中断のある女性については個別事情を勘案して両立支援策を包含した施策を考えればよいことになる。

（4）取組の実施時期

実施時期は、各施策が現実に実行できる時期に設定するのは当然である。なお、男女雇用機会均等法施行からすでに30年、今回成立した女性活躍推進法が10年の時限立法であることを考慮しなければならない。加えて、今後の少子化の中で女性の労働力の活用をいち早く実現した企業が将来の競争の勝者になれることを考えれば、ストレッチな実施時期を設定するのも一つの策といえる。現在、様々な嗜好の消費者の心を掴む商品の開発に女性労働者の関わりが多く取沙汰されている。女性の活躍推進は、法が制定されたからではなく、今後の経営戦略の一環として捉え、経営者主導の下、全社一丸となった施策の実践が求められる。

5　情報公開

策定した行動計画は、外部に公表しなければならない。

公表は、厚生労働省が運営する「女性の活躍・両立支援総合サイト」、「自社のホームページ」などによって行わなければならない。

この中で厚生労働省が運営する女性の活躍·両立支援総合サイトでは、「女性の活躍推進企業データーベース」として業界や業種別に一覧表となって公表される予定になっている。このことから自社が業界や業種の中でどのような位置づけになっているかが一目瞭然となる。

今回の公表制度の趣旨の一つは、求職者が各社の女性活躍推進に向けた姿勢や取組などを知って行動することができるようにすることにある。女子学生がこの情報を比較して応募する企業を決定することができるようになる。女性活躍推進に後ろ向きな企業には応募者が減少することが想定される。

この現象は女子学生ばかりではなく、男子学生の就職行動にも影響を与えかねない。近年のブラック企業問題で男子学生の中にも女性が活躍できる、両立支援制度の整っている企業がブラック企業ではないと判断して、その企業を選択する傾向が出てきている。これによって、従来男子学生は何とか確保できていた企業にとっても応募者が減少する可能性がある。

社外への情報の公開は法的に重要な事項であるが、最も重要なことは、自社が掲げた女性活躍推進の行動計画を全ての労働者が理解することである。自社の組織の各階層で確実に行動計画を実現していく意識と実効性を担保しなければならないことから、社内周知を怠らないようにしなければならない。

このために、「事業場内での掲示」、「企業内イントラネットへの掲載」、「電子メールでの通知」など確実な手段での周知が求められる。

6　認定制度

行動計画の策定、届出を行った企業のうち、女性の活躍推進に関する取組の実施状況等が優良な企業は、厚生労働大臣の認定を受けることができることになっている。この認定を受けると認定マークを商品などに付すことができる。

認定は三段階あり、大まかな基準としては、①採用、②継続就業、③労働時間等の働き方、④管理職比率、⑤多様なキャリアコース、について個別に定められた基準を満たす項目の数によって決定される。

「第一段階」は前述①～⑤のうち一つ又は二つの基準を満たす。「第二段階」は前述①～⑤のうち三つ又は四つの基準を満たす。「第三段階」は前述①～⑤のうち全ての基準を満たすことが必要になる。これに加え、ａ．事業主行動計画策定指針に照らして適切な一般事業主行動計画を定めたこと、ｂ．定めた一般事業主行動計画について適切に公表及び労働者に周知をしたこと、ｃ．法及び法に基づく命令その他関係法令に違反する重大な事実がないこと、の三要件が必要となる。さらに細かい要件を満たすことによって認定される。従来からある「くるみんマーク」を取得していない企業がこの認定制度を活用することも期待される。

「くるみんマーク」は、企業が労働者の仕事と子育ての両立のための行動計画を策定・実施し、その結果が一定の要件を満たして厚生労働大臣の認定を受けた場合に、商品などに表示することのできるマークである。また、新たに誕生した「プラチナくるみんマーク」は、「くるみんマーク」を取得している企業のうち、さらに両立支援の取組が進んでいる企業が一定の基準を満たし、認定を受けた場合に表示できるマークである。「くるみん」という愛称には、赤ちゃんが大事に包まれる「おくるみ」と「職場ぐるみ、企業ぐるみ」で仕事と子育ての両立支援に取り組もうという意味が込められている。

これからの企業経営において「女性活躍推進」か「くるみん」のどちらかには認定されていないと「顧客」、「株主」、「学生」にそっぽを向かれる可能性がある。

図表26　くるみんマーク
出所：厚生労働省(2014b)「新「くるみんマーク」と「プラチナくるみんマーク」が誕生しました」報道発表。

【引用・参考文献】

阿部正浩(2007)「ポジティブ・アクション，ワーク・ライフ・バランスと生産性」『季刊・社会保障研究』第43巻第3号，pp.184-196。

井上仁志（2015）「女性の活躍推進に向けた雇用の現状と課題－女性雇用の実態からの考察－」『大阪産業大学経営論集』第16巻第2・3号合併号，pp.133-154。

金谷千慧子(2003)『企業を変える女性のキャリア・マネージメント』中央大学出版会。

厚生労働省「一般事業主行動計画を策定しましょう！！」(http://www.mhlw.go.jp/file/06-Seisakujouhou-11900000-Koyoukintoujidoukateikyoku/280108sakutei.pdf)，検索日：2015年12月13日。

厚生労働省(2014a)「平成25年度雇用均等基本調査(確報)」(http://www.mhlw.go.jp/toukei/list/71-25r.html)，検索日：2015年1月17日。

厚生労働省(2014b)「新「くるみんマーク」と「プラチナくるみんマーク」が誕生しました」報道発表（http://www.mhlw.go.jp/stf/houdou/0000066311.html)，検索日：2015年10月18日。

厚生労働省（2015a）「女性活躍推進法特集ページ」(http://www.mhlw.go.jp/stf/seisakunitsuite/bunya/0000091025.html)，検索日：2015年12月8日。

厚生労働省（2015b）「「平成 25 年度雇用均等基本調査」の概況」（http://www.mhlw.go.jp/toukei/list/dl/71-25r-07.pdf#search='%E7%AE%A1%E7%90%86%E8%81%B7%E3%81%AE%E5%89%B2%E5%90%88+%E5%8E%9A%E7%94%9F%E5%8A%B4%E5%83%8D%E7%9C%81'），検索日：2015 年 12 月 10 日。

厚生労働省（2015c）「平成 26 年度コース別雇用管理制度の実施・指導状況」（http://www.mhlw.go.jp/file/04-Houdouhappyou-11902000-Koyoukintoujidoukateikyoku-Koyoukintouseisakuka/270623_1.pdf#search=',%E5%8E%9A%E7%94%9F%E5%8A%B4%E5%83%8D%E7%9C%81+%E3%82%B3%E3%83%BC%E3%82%B9%E5%88%A5%E9%9B%87%E7%94%A8%E7%AE%A1%E7%90%86%E5%88%B6%E5%BA%A6%E3%81%AE%E5%AE%9F%E6%96%BD%E3%83%BB%E6%8C%87%E5%B0%8E%E7%8A%B6%E6%B3%81+%E5%B9%B3%E6%88%90%EF%BC%92%EF%BC%92%E5%B9%B4'），検索日：2015 年 12 月 7 日。

厚生労働省（2015d）「平成 26 年賃金構造基本統計調査の概況」（http://www.mhlw.go.jp/toukei/itiran/roudou/chingin/kouzou/z2014/dl/14.pdf），検索日：2015 年 12 月 8 日。

国立社会保障・人口問題研究所「人口統計資料集（2015）」（http://www.ipss.go.jp/syoushika/tohkei/Popular/P_Detail2015.asp?fname=T04-06.htm），検索日：2015 年 12 月 14 日。

児玉直美 (2004)「女性活用は企業業績を高めるか」『日本労働研究雑誌』525 号，pp.38-41。

櫻木晃裕編著（2006）『女性の仕事環境とキャリア形成』税務経理協会。

佐藤博樹・武石恵美子（2014）『ワーク・ライフ・バランス支援の課題　人材多様化時代における企業対応』東京大学出版会。

総務省（2013）「平成 24 年度就業構造基本調査」（http://www.stat.go.jp/data/shugyou/2012/pdf/kgaiyou.pdf#search='%E7%B7%8F%E5%8B%99%E7%9C%81%EF%BC%882013%EF%BC%89%E3%80%8C%E5%B9%B3%E6%88%9024%E5%B9%B4%E5%BA%A6%E5%B0%B1%E6%A5%AD%E6%A7%8B%E9%80%A0%E5%9F%BA%E6%9C%AC%E8%AA%BF%

E6%9F%BB%E3%80%8D')，検索日：2015年12月9日。
総務省「労働力調査（特別調査）」・「労働力調査（詳細結果年平均）長期時系列」（http://www.stat.go.jp/data/roudou/jikei.htm），検索日：2015年10月17日。
武石恵美子（2006）『雇用システムと女性のキャリア』勁草書房。
冨田安信(2008)第7章「職場における男女平等」久本憲夫・玉井金吾(編)『社会政策Ⅰワーク・ライフ・バランスと社会政策』法律文化社，pp.143-162。
内閣府「仕事と生活の調和（ワーク・ライフ・バランス）憲章」（http://wwwa.cao.go.jp/wlb/towa/definition.html），検索日：2016年1月11日。
内閣府（2005）「平成17年版国民経済白書」第3-1-24図機会費用の推計結果（http://www5.cao.go.jp/seikatsu/whitepaper/h17/01_honpen/），検索日：2015年11月30日。
内閣府(2010)「第3次男女共同参画基本計画」第一分野（http://www.gender.go.jp/about_danjo/basic_plans/3rd/pdf/3-04.pdf），検索日：2015年12月14日。
日本経済団体連合会(2013)「女性活躍支援・推進等に関する追加調査結果」（http://www.keidanren.or.jp/policy/woman.html），検索日：2015年2月13日。
福田節也(2007)「ライフコースにおける家事・育児遂行時間の変化とその要因」『季刊家計経済研究』第76号，pp.26-36。
労働政策研究・研修機構(2000)「調査研究報告書No.99女性の職業・キャリア意識と就業行動に関する研究」（http://db.jil.go.jp/db/seika/2000/E2000014309.html），検索日：2015年2月13日。
労働政策研究・研修機構（2015a）「採用・配置・昇進とポジティブ・アクションに関する調査結果」労働政策研究・研修機構（http://www.jil.go.jp/institute/research/2014/documents/0132.pdf），検索日：2015年12月9日。
労働政策研究・研修機構（2015b）「データブック国際労働比較（2015年版）」労働政策研究・研修機構。

第3章　　理論編

行政施策

1　育児環境の整備

女性の活躍推進を実行する上で、保育環境の充実は極めて重要な要素といえる。

近年育児休業の取得率は増加し、実務編図表1に示すとおり、2014年の女性の取得率は86.6％となっている。この統計を見る限りでは、ほとんどの女性労働者が育児休業を取得しているとされている。しかし、この割合は、結婚、妊娠、出産によって退職せず就業継続している女性労働者が出産後に育児休業を取得した割合である。また、男性の取得率は徐々に増加してきているものの2.3％に止まっている。

企業としては、妻が出産後の一番大変な時期に短期間でも男性労働者が育児休業を取得するという意識づけと職場環境の整備が必要となる。

2　保育所待機児童の解消

図表27の最新の調査によれば、平成26年度の待機児童は21,371人と4年連続で減少はしているものの平成21年度に2万人の大台に乗せて以来、未だ2万人台を維持している。少子化の中でも共働き世帯の増加によって保育需要は増加している。保育所の増加は喫緊の課題であり、行政の積極的な関与による待機児童の解消が望まれる。

女性の就業継続を実現するためには、恒常的なインフラ整備として保育所の増加と十分な保育環境の整備が重要である。さらに、現在、待機によって就業不能になっている親に対する緊急的な対策として、当面は保育所の受け入れ人数の増加等も検討しなければならない。

公的な保育所に預けることができない場合には、認可外の保育に頼らざるを得ない場合もある。図表 28 は認可外保育施設の費用負担額である。特に収入が低い世帯の保育費用の負担をいち早く軽減する行政対応が求められる。

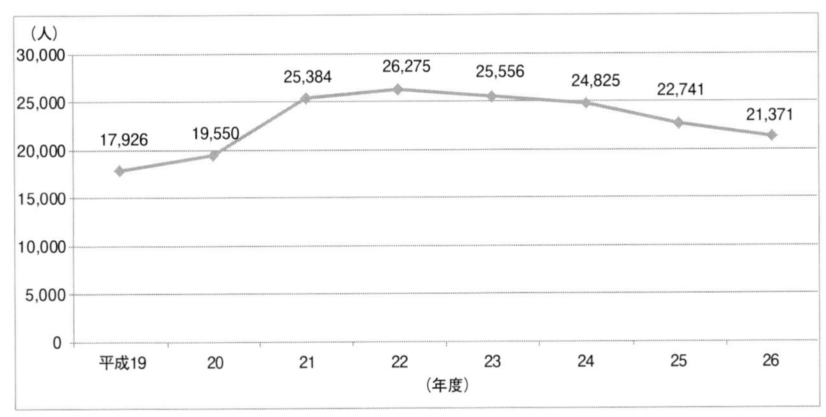

図表 27　保育所待機児童数
出所：厚生労働省（2014）「保育所関連状況取りまとめ（平成 26 年 4 月 1 日）」, p.2。

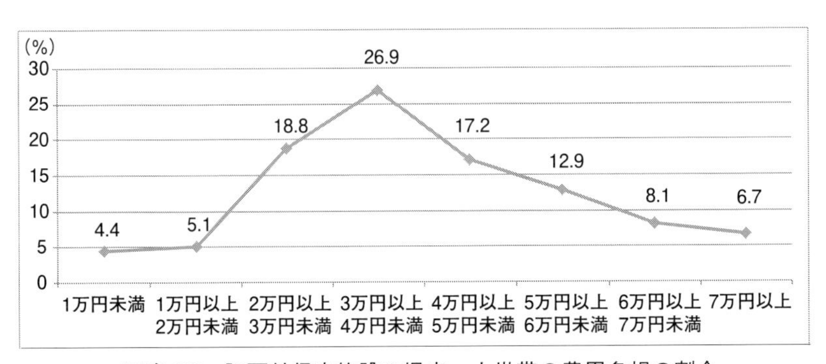

図表 28　認可外保育施設の児童一人世帯の費用負担の割合
出所：厚生労働省（2015）「平成 25 年地域児童福祉事業等調査」, p.7。

3　保育所保育時間の延長化

保育に関しては、費用の課題もあるが保育時間も大きく関わってくる。全国社会福祉協議会・全国保育協議会の調査によれば、図表 29 のとおり保育所の開所時間は公営、私営とも 7 時台が共に 9 割以上となっている。保育開始時間については私営に対して公営でも遜色のない状況となっている。

しかし、図表 30 に示す閉所時間は、公営の保育所では 18 時台が 42.5％、19 時台が 47.2％となっている。これに対して私営の保育所では 19 時台が 70.5％と最も多く、20 時台については、公営が 1.1％に止まっているのに対し私営では 13.1％となっている。これから分かるように費用負担の少ない公営保育所の閉所時間の延長が大きな課題である。わずか 1 時間であるが、この違いが就業継続に大きく影響する。育児・介護休業法による育児のための短時間勤務が法律上 3 歳までとなっていることから、3 歳以降から小学校入学までの子を抱える親の健全な就業を可能とするためには、公営保育所の保育時間延長が望まれる。

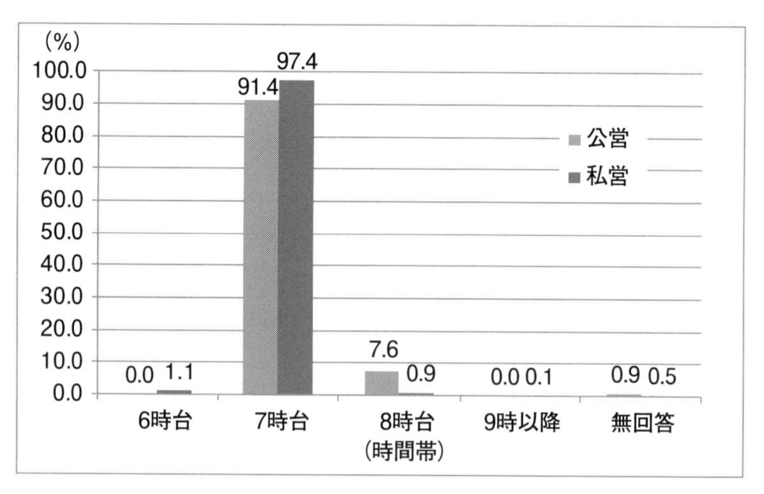

図表 29　運営主体別保育所の開所時間の割合

出所：全国社会福祉協議会・全国保育協議会 (2012)「全国の保育所実態調査 2011」, p.23。

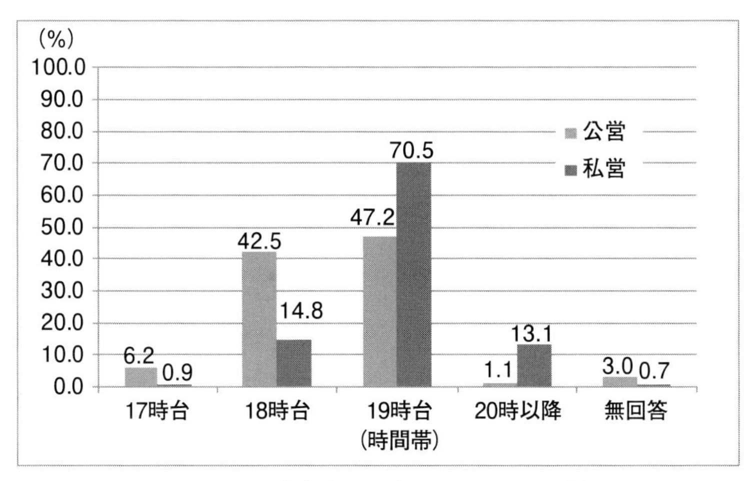

図表 30　運営主体別保育所の閉所時間の割合
出所：全国社会福祉協議会・全国保育協議会 (2012)「全国の保育所実態調査 2011」，p.23。

4　学童保育の充実

「魔の小学校１年生」に代表される小学校低学年に対するケアーも重要である。

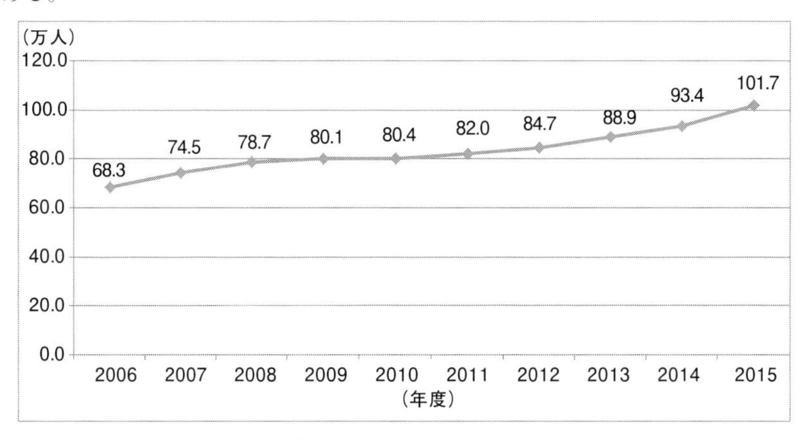

図表 31　学童保育入所者数
出所：全国学童保育連絡協議会 (2015)「2015 年 5 月 1 日現在の学童年保育の実施状況調査結果」，p.2 を筆者加工、なお千人未満を四捨五入。

未就学児童の場合には、私営を含め保育所で 19 時～ 20 時ぐらいまで預かってもらえるが、小学生の保育は学童保育となっていて、その終了時間は 18 時ころまでとなっているところが多い。

社会一般からすると、小学生ならもう一人で行動できると考えてしまう。しかし、この小学校低学年期は、子供が精神的に不安定な時期であり、地域のつながりが薄れる中で不審者等による犯罪など親としては相当の不安を抱えることとなる。学童保育については、2015 年 5 月現在、全国に 25,541 箇所、入所児童数 1,017,429 人となっている[38]。待機児童は 15,533 人で前年比 6,418 人の増加となっている[39]。学童保育については 2012 年の児童福祉法の改正によって一定の条件整備がされたが、未だ多くの課題を抱えている。

保育所から学童保育までを一貫した環境整備に国、自治体の積極的な関与が求められる。

企業経営者や管理職はこのような行政の実態を十分理解して、女性の活躍推進を進めなければならない。

---

38 全国学童保育連絡協議会「2015 年 5 月 1 日現在の学童年保育の実施状況調査結果」, p.1。

39 保育所と異なり申し込み方法が様々なことから正確な待機児童数は把握できない。

【引用・参考文献】

厚生労働省(2014)「保育所関連状況取りまとめ(平成26年4月1日)」(http://www.mhlw.go.jp/file/04-Houdouhappyou-11907000-Koyoukintoujidoukateikyoku-Hoikuka/0000057778.pdf), 検索日：2015年11月30日。

厚生労働省（2015）「平成25年地域児童福祉事業等調査」(http://www.mhlw.go.jp/toukei/saikin/hw/jidou/13/index.html), 検索日：2015年11月30日。

全国社会福祉協議会・全国保育協議会(2012)「全国の保育所実態調査2011」(http://www.zenhokyo.gr.jp/cyousa/cyousa.htm), 検索日：2015年2月11日。

全国学童保育連絡協議会(2015)「2015年5月1日現在の学童年保育の実施状況調査結果」(http://www2s.biglobe.ne.jp/Gakudou/2015kasyosuu.pdf), 検索日：2015年12月10日。

第4章　　理論編

夫婦共同

1　家事・育児の平準化、共同化

女性の活躍推進には、家庭内での家事・育児の負担が大きく関わる。

財団法人家計経済研究所が1993年から実施している「消費生活に関するパネル調査」の第1年度から第14年度のデータによれば、女性の家事・育児時間はライフステージ、とくに結婚や出産といったライフイベントの生起によって大きく異なる可能性が示唆されている。

結婚や出産といたライフイベントは女性の家事・育児時間の増加に対して正の効果をもっている。福田（2007）によれば、女性の家事・育児時間は、結婚によって2.4時間、出産によって2時間増加すると推定されて、7歳未満の未就学児が1人増えるごとに、女性の家事・育児時間は1.3時間の増加が予測される[40]。

出産などによる家事・育児時間の増加は主に妻によって担われており、夫の仕事時間の増加による家事・育児時間の減少分は、妻の家事・育児時間の増加分によって完全に代替されるのに対して、妻の仕事時間の増加による家事・育児時間の減少分は、夫の家事・育児時間の増加分でほとんど代替できない。したがって、妻の家事・育児時間の減少は、夫の家事・育児参加以外の他の方法によってまかなわれているか、子どもの入学などにより、夫婦の家事・育児時間の合計が減少しているときかのいずれかということがいえる[41]。

なお、夫婦間での家事時間、余暇時間のバランスごとの関係満足度は、家

[40] 福田（2007）「ライフコースにおける家事・育児遂行時間の変化とその要因」, p.31。

[41] 福田（2007）「ライフコースにおける家事・育児遂行時間の変化とその要因」, p.33。

事をする夫、夫の休日の余暇時間が妻よりも短い場合に妻の満足度が高いこと、夫の余暇時間が長いときに妻の満足度が低いことも明らかになっている[42]。

図表32・33は、OECDが2014年3月7日に発表した世界の女性と男性が家事・育児に費やす時間の統計である。これによれば、一日に家事・育児

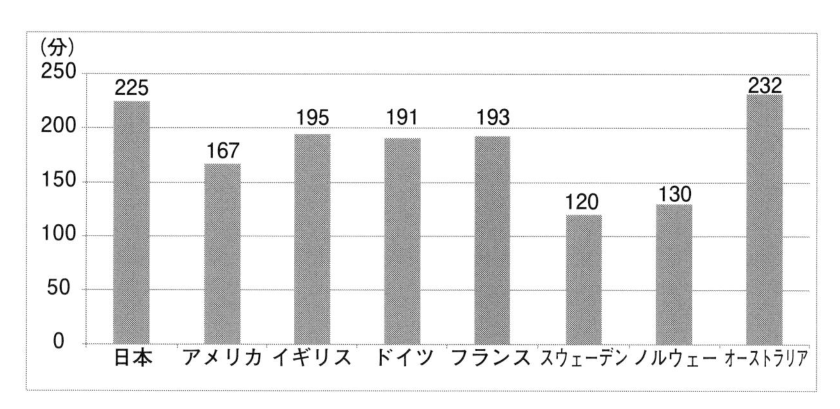

図表32　女性の家事・育児に費やす時間
出所：OECD（2014）「Balancing paid work, unpaid work and leisure」Gender data portal 2014 Time use across the world より筆者加工。

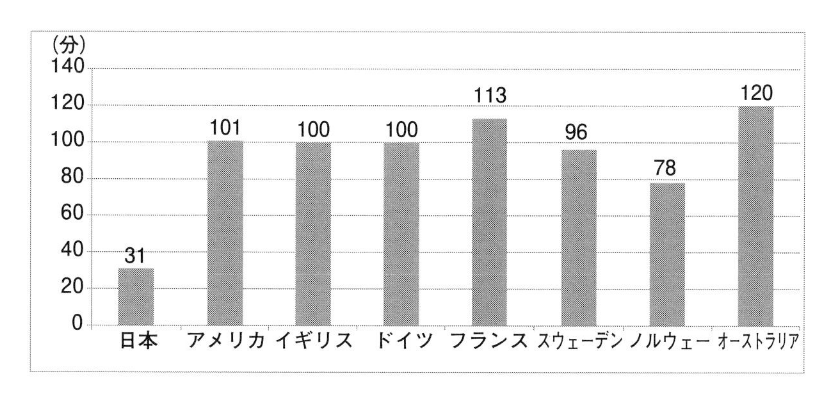

図表33　男性の家事・育児に費やす時間
出所：OECD（2014）「Balancing paid work, unpaid work and leisure」Gender data portal 2014 Time use across the world より筆者加工。

[42] 田中（2007）「家族領域での時間と妻の関係満足度」, p.37。

に費やす時間は日本の女性が 225 分なのに対し、男性 31 分となっている。就業率の高いスウェーデンの女性 120 分、男性 96 分やノルウェーの女性 130 分、男性 78 分に比べ男女の時間に極めて大きな開きがある。この統計でも日本の家事・育児の平準化・共同化が行われていない実態が表されている。

オーストラリアの女性の時間は日本とほぼ同じで 232 分となっているが、男性も 120 分と多く、家事・育児に費やす合計の時間数が長いことからこのような結果になっており、男性も家事・育児を行っている。家事・育児に要する時間の短いスウェーデン、ノルウェーを除き、他の国は男性も 100 分以上家事・育児を行っている。

女性の活躍推進のためには、妻と夫の家庭内で家事・育児の平準化、共同化を図ることができるようにしなければならない。両親が同じレベルでワーク・ライフ・バランスを実現してこそ女性の就業継続につながる。この点を企業経営者と管理職、職場の同僚が十分理解し、夫も自覚を持った行動をしなければならない。

滝口・渡邊 (2009) は、子育てが不安になっていると訴える母親たちの夫の多くは子育てに関与しないこと、母親が自分の時間を欲しがっていることを指摘している[43]。この点についても企業は理解しておくべきである。

[43] 滝口・渡邊 (2009)「乳児期の親の育児ストレス」, p.32-33。

2　性的役割分業意識の払拭

若い男性の意識の中には家事・育児は女性という考え方はなくなりつつあるが、結婚した場合に親や祖父母が性的役割分業意識を持っている場合がある。これが女性の就業継続を阻害する大きな要因となっている。

また、ライフステージを問わず、有配偶者男性の平日の生活時間はほとんど仕事のために費やされており、家事や育児に関与する時間は皆無である。有配偶者男性の家事・育児への参加は、末子が7歳未満の時に限定される形で、休日のみ行われていることが、わが国における性別役割分業の強固な実態を示している[45]。

このような家庭内における性的役割分業意識の払拭も重要であるといえる。

【引用・参考文献】

OECD（2014）「Balancing paid work, unpaid work and leisure」Gender data portal 2014 Time use across the world（http://www.oecd.org/gender/data/balancingpaidworkunpaidworkandleisure.htm），検索日：2015年2月13日。

家計経済研究所「消費生活に関するパネル調査」国立印刷局。

滝口俊子、渡邊明子(2009)「乳児期の親の育児ストレス」『家族心理学年報』第27号，金子書房，pp.30-41。

田中律子（2007）「家族領域での時間と妻の関係満足度」季刊家計経済研究第76号，pp.37-44。

福田節也（2007）「ライフコースにおける家事・育児遂行時間の変化とその要因」季刊家計経済研究第76号，pp.26-36。

[45] 福田（2007）「ライフコースにおける家事・育児遂行時間の変化とその要因」，p.28。

＜著者紹介＞

藤岡衣里子

ＢｅＡｍｂｉｔｉｏｕｓ合同会社　業務執行社員

特定社会保険労務士　明治大学大学院経営学部修士

ファイナンシャルプランナー

航空会社にて５年間グランドスタッフとして勤務した後　結婚のため退職。

育児期間中に社会保険労務士の資格を取得後、開業。

2008年よりいいの経営労務管理事務所にて勤務社労士として従事する。

著書に『40歳から考えるセカンドライフマニュアル』　共著　労働新聞社

井上　仁志

大阪産業大学経営学部経営学科　准教授

ＢｅＡｍｂｉｔｉｏｕｓ合同会社　中小企業経営支援委員

大手企業で人事業務に20年以上従事し、ダイバーシティ推進マネージャー、研修機関長などを歴任。現在は、大阪産業大学経営学部でキャリアデザイン論、人的資源管理論を担当している。著書に『キャリアデザイン』　宇宙堂八木書店

楽しく働くシリーズ①

経営者にとっての初めての育休 そして誰もいなくなった・・・

2016年5月20日　初版発行

編　者｜　Be Ambitious 合同会社

発行者｜　八木　秀志

発行所｜　(株)宇宙堂八木書店　〒104-0042　東京都中央区入船3-3-3　電話 03-3552-0931

印刷所｜　シナノ印刷株式会社

イラスト｜　央己あゆり

ISBN　978-4-905314-41-7　　http://www.uchu-dou.co.jp